KANINCHEN-FURZ
Malbuch

Young Scholar

Young Scholar
An imprint of Ciparum LLC

Kaninchen-Furz-Malbuch
© 2017 Ciparum LLC
All rights reserved.
ISBN-10:1-63589-370-4
ISBN-13:978-1-63589-370-0

www.youngscholar.co

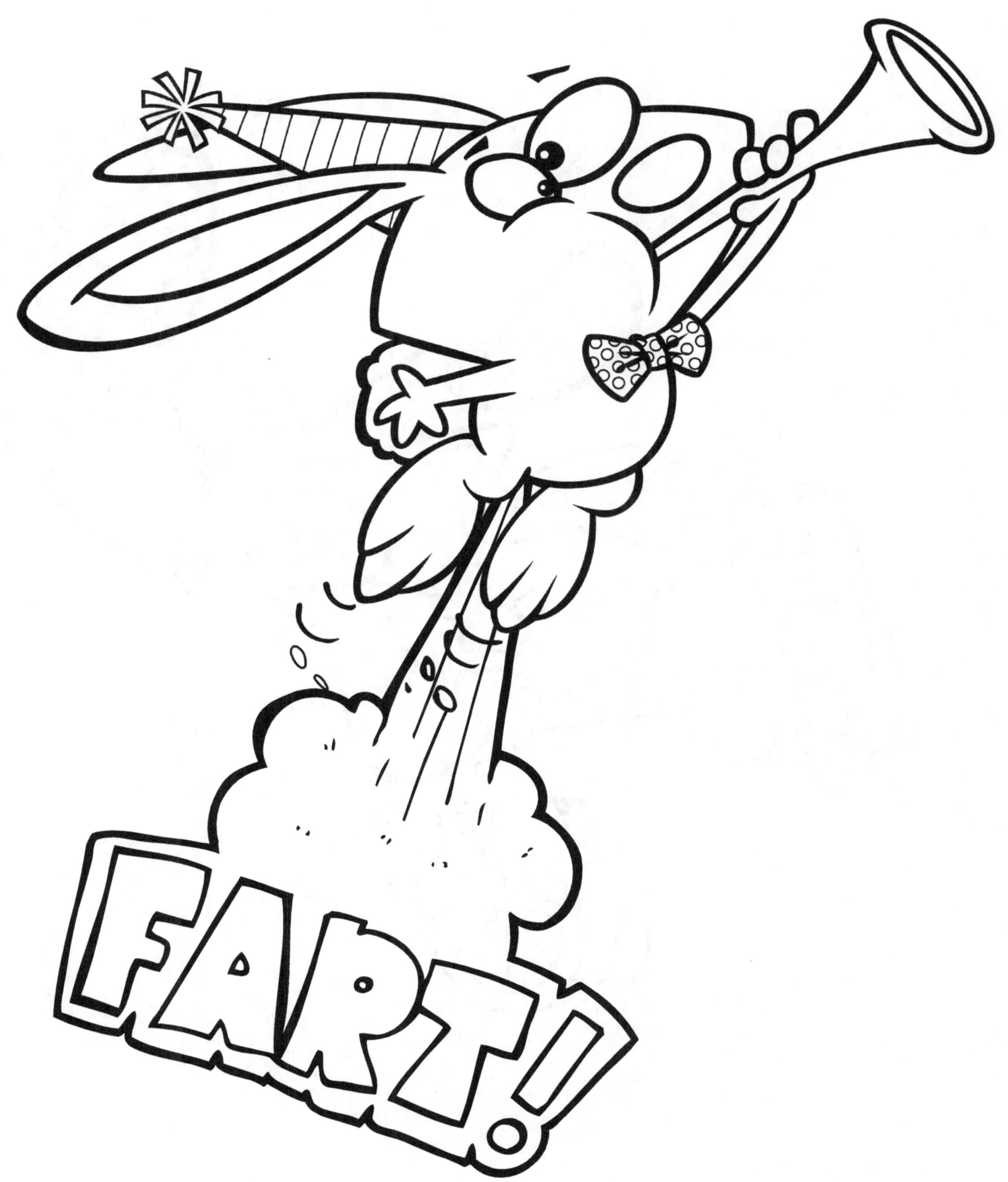

FART!

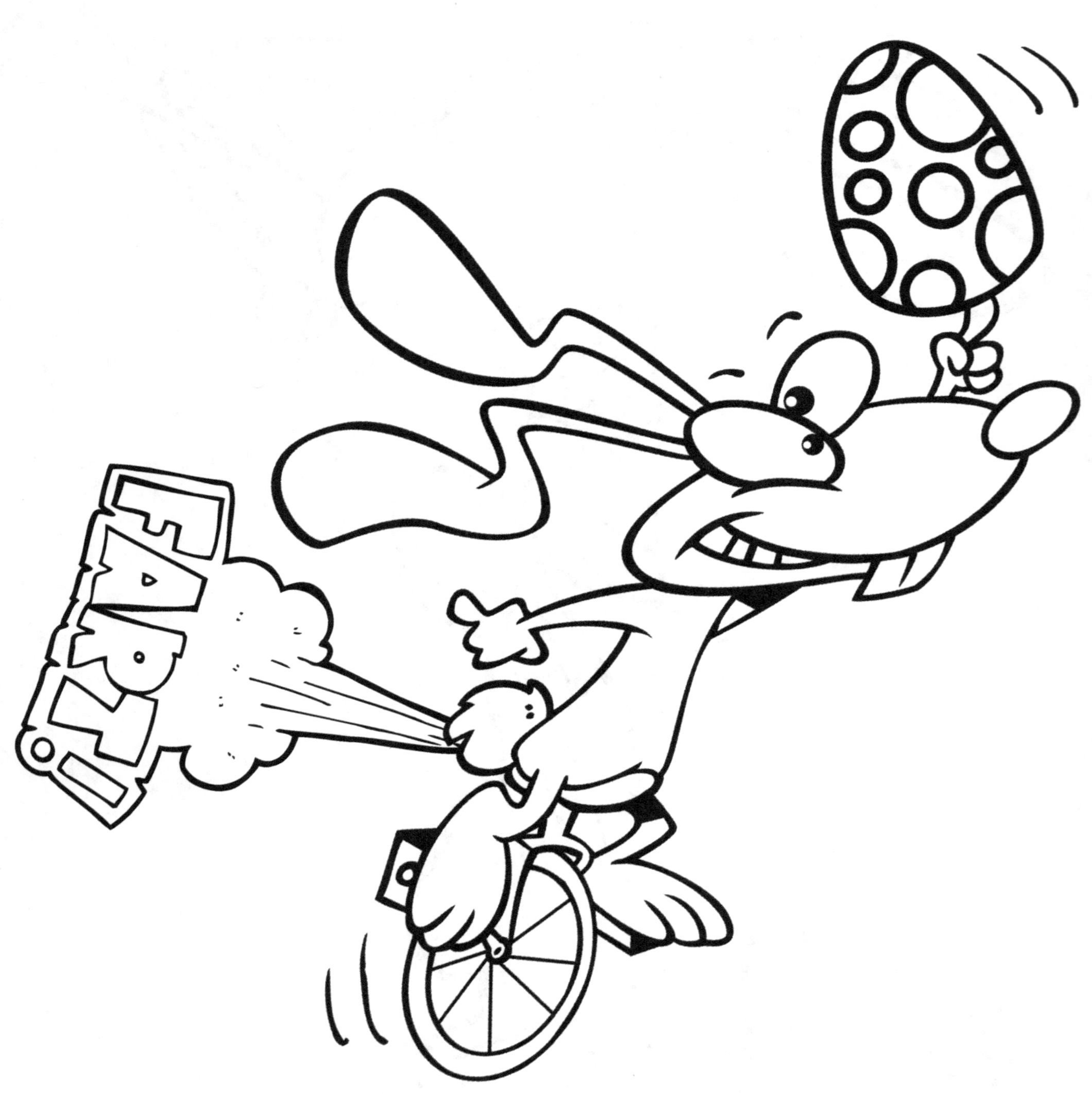

FART!

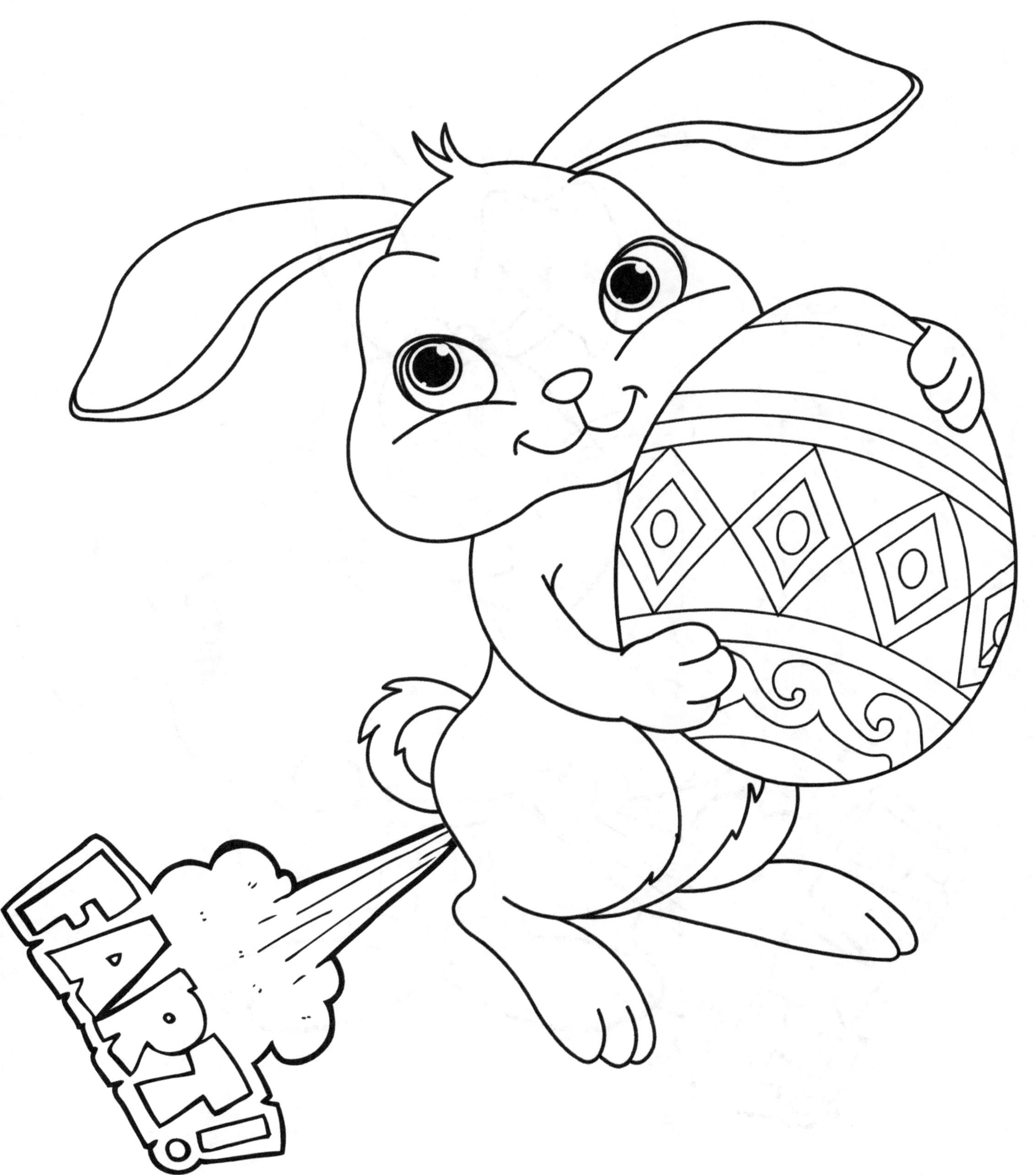
FART!

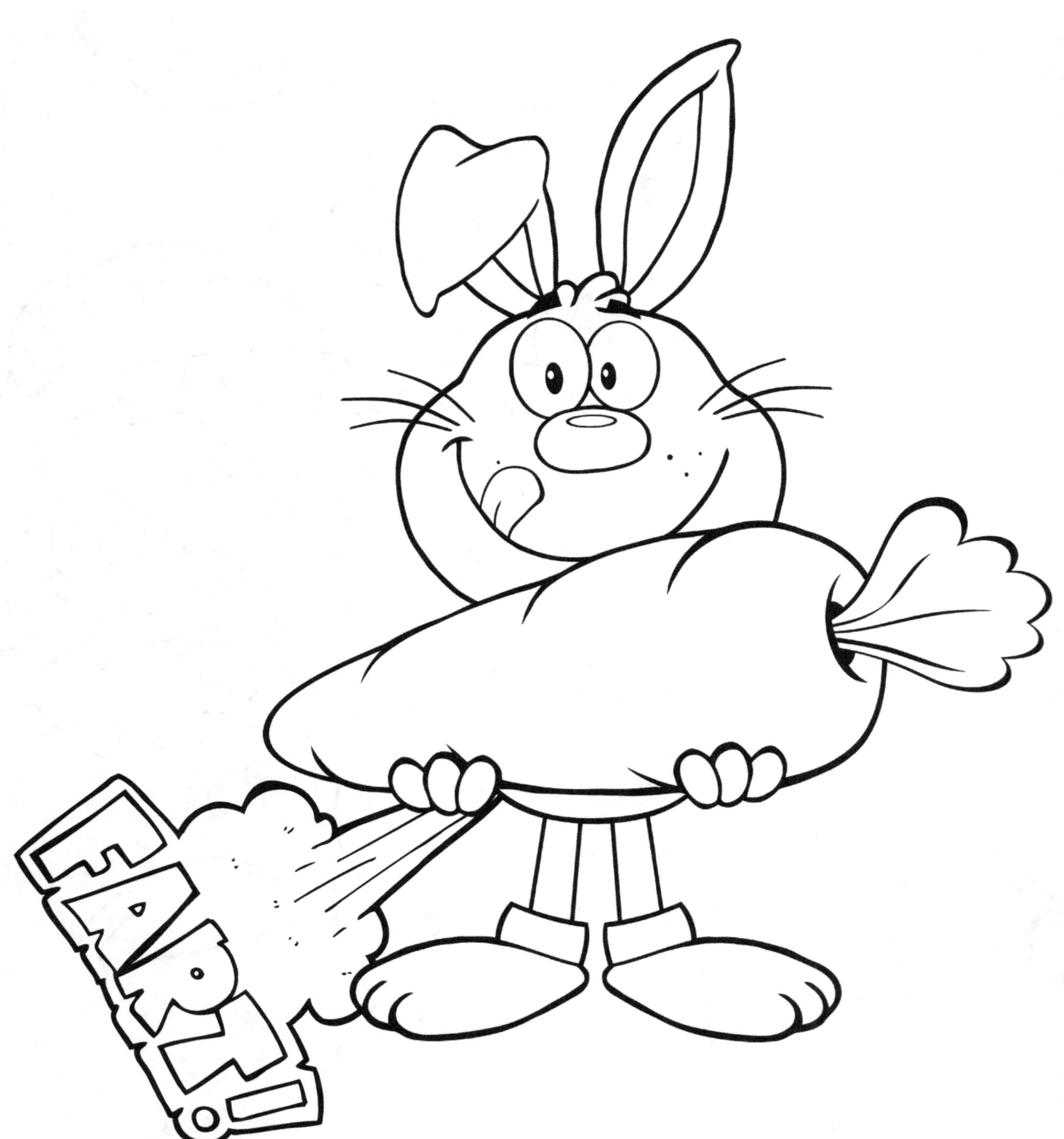
FART!

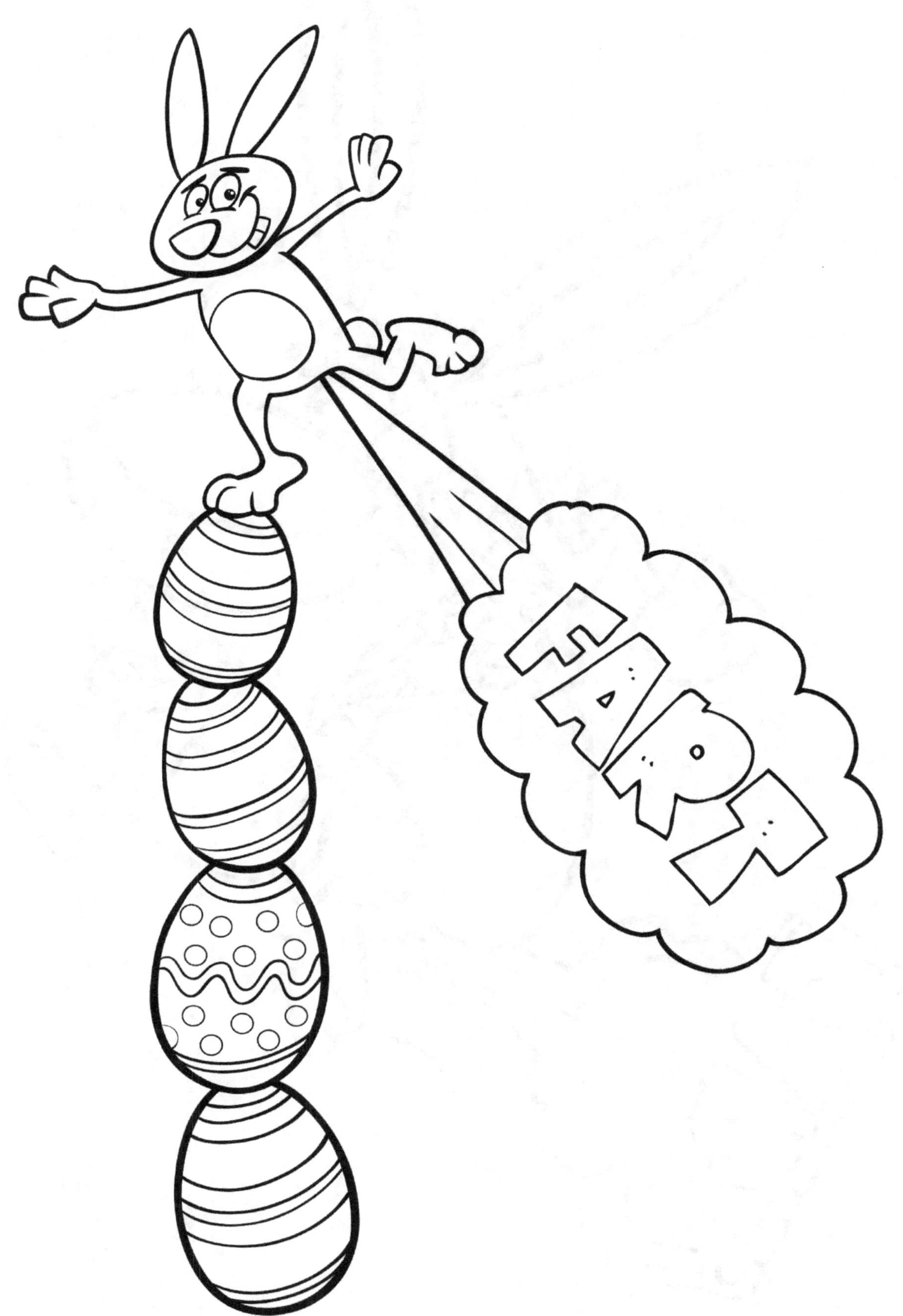
FARR

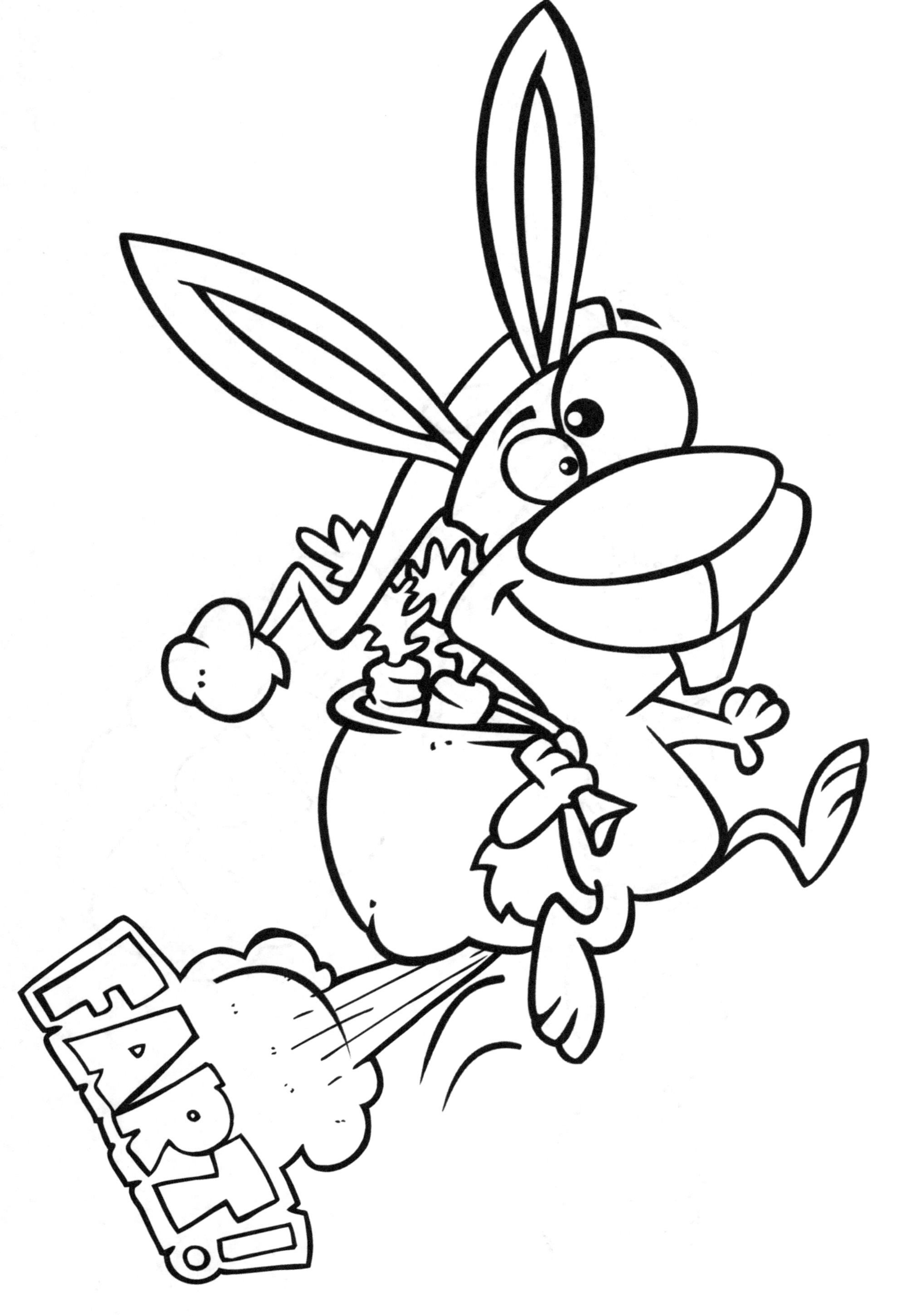
FART!

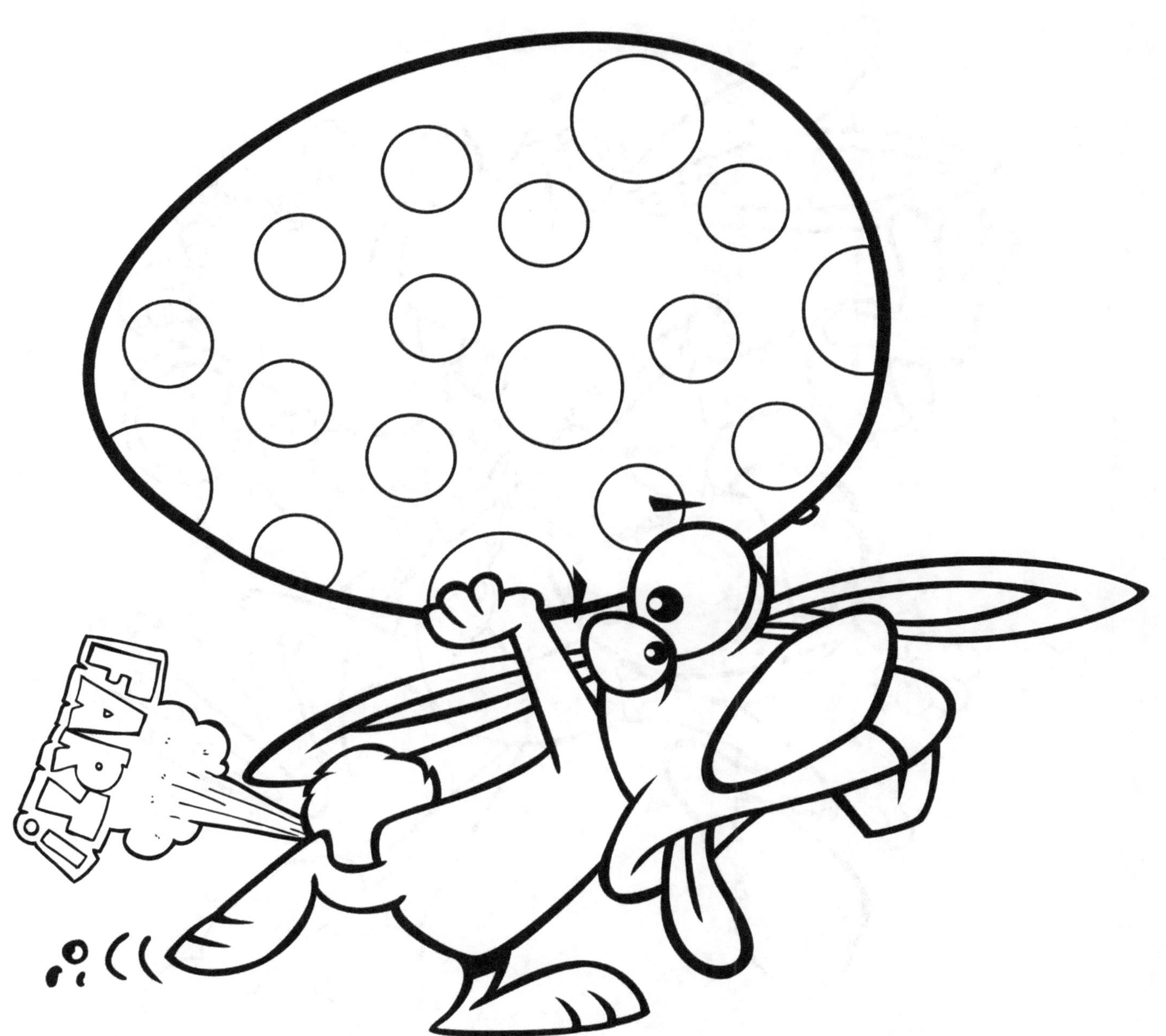

FART!

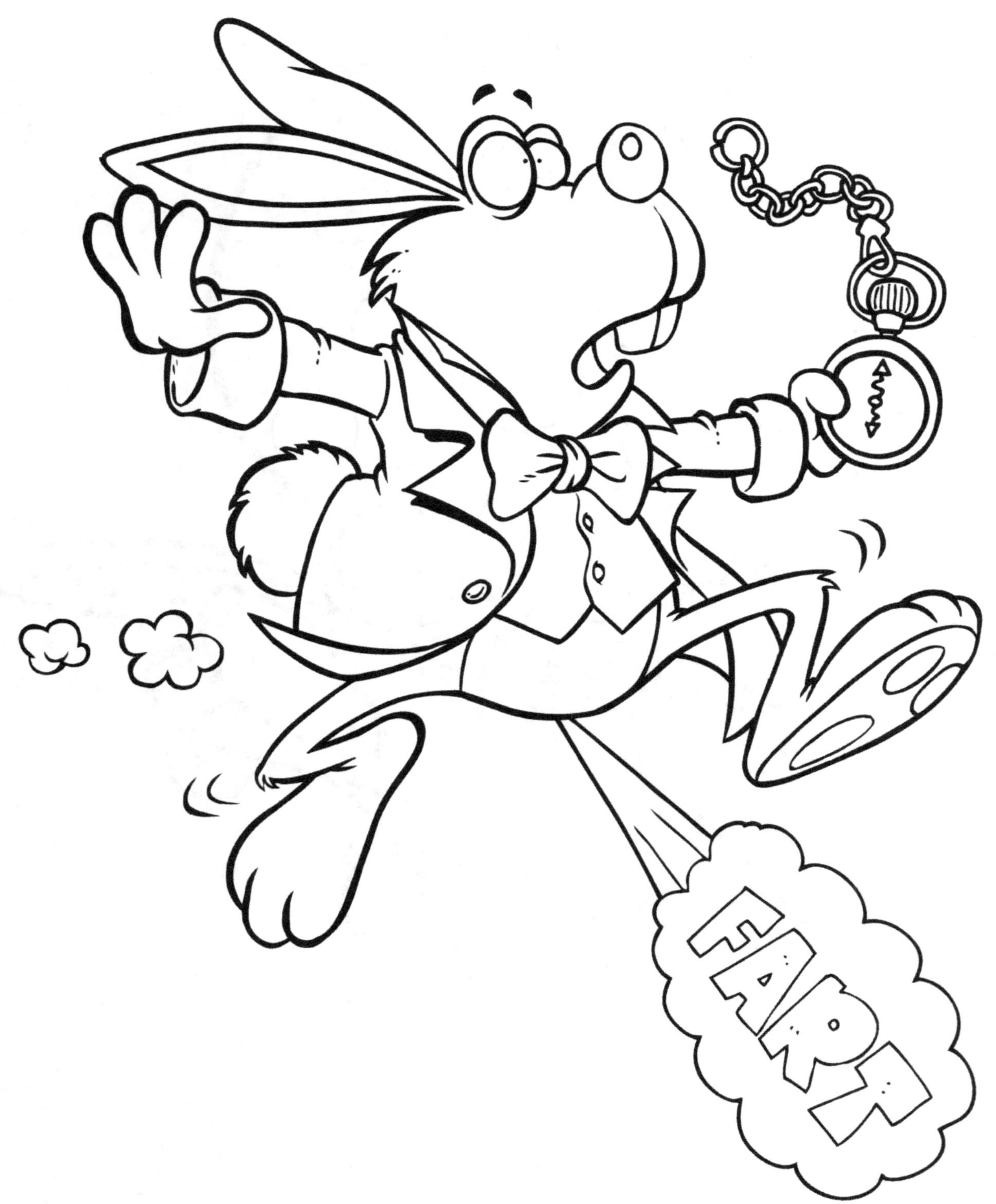
FARR

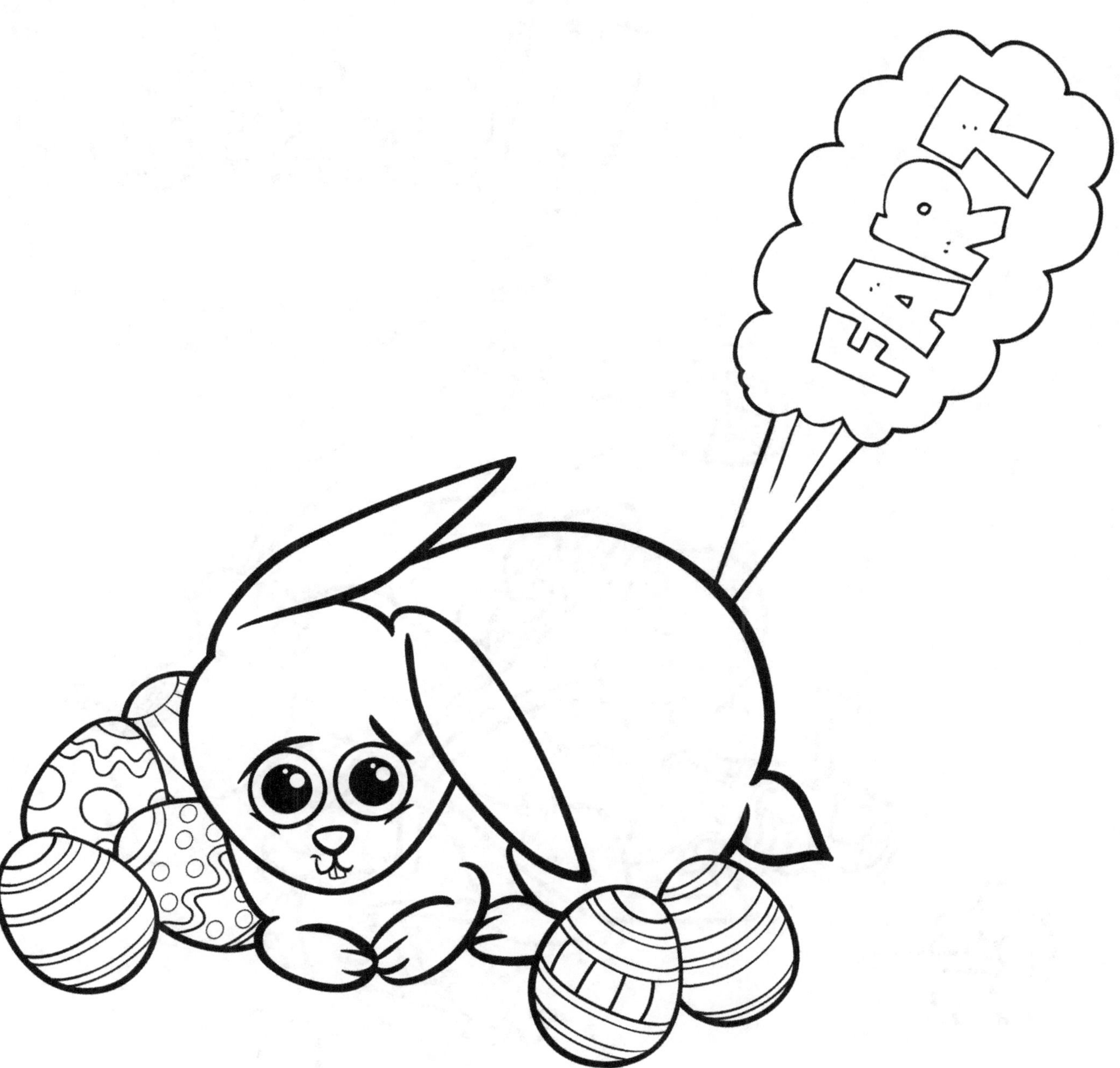
FART

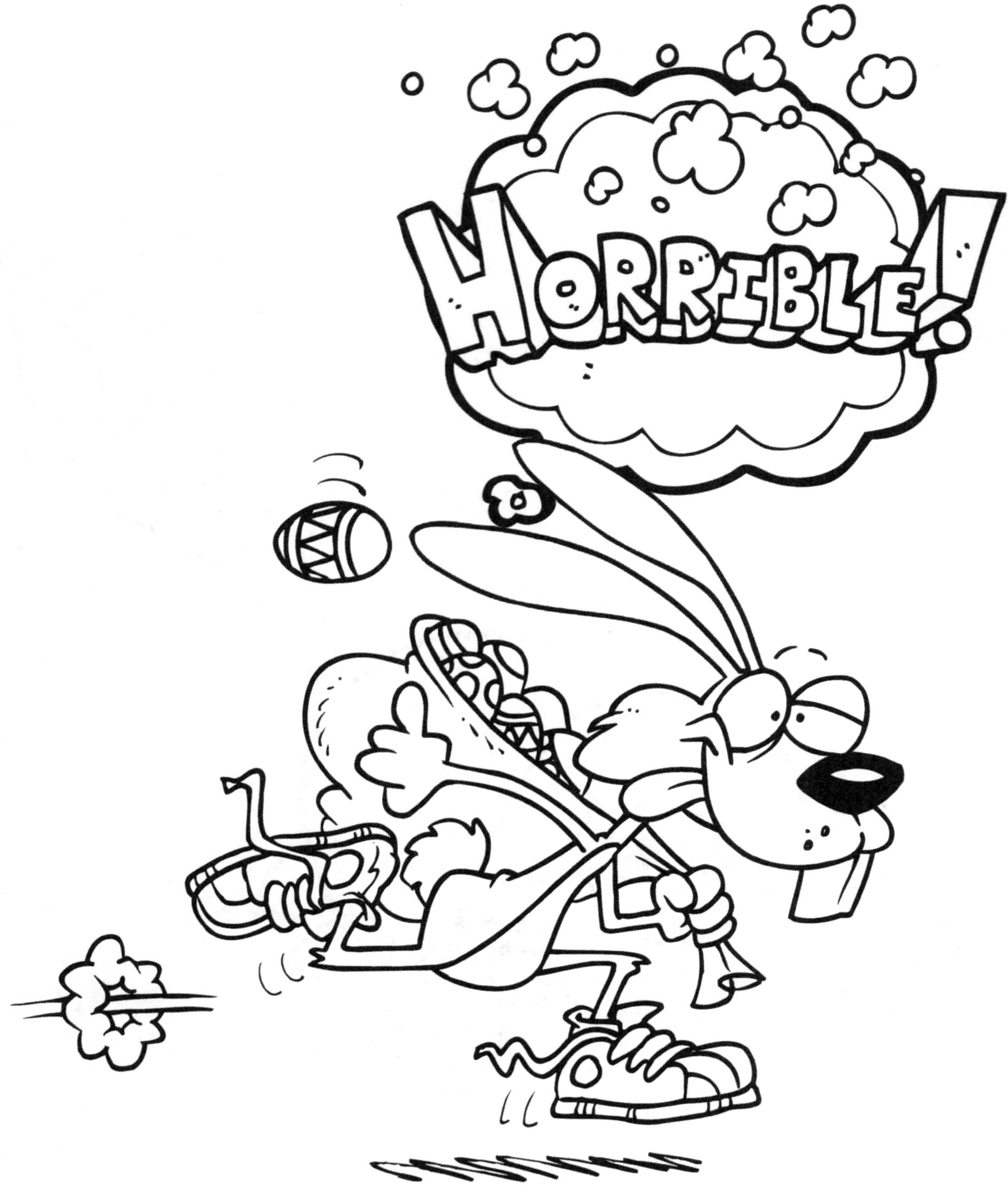
HORRIBLE!

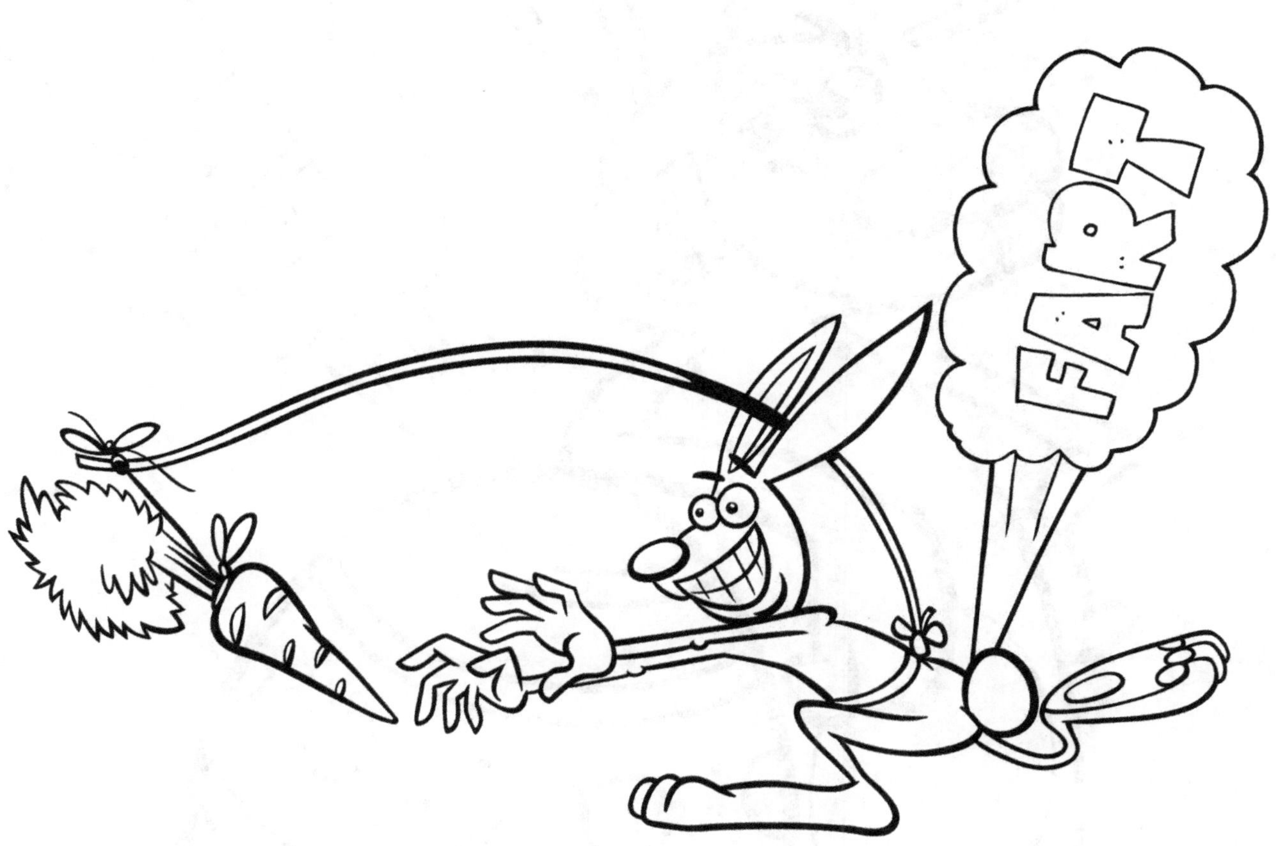
FART

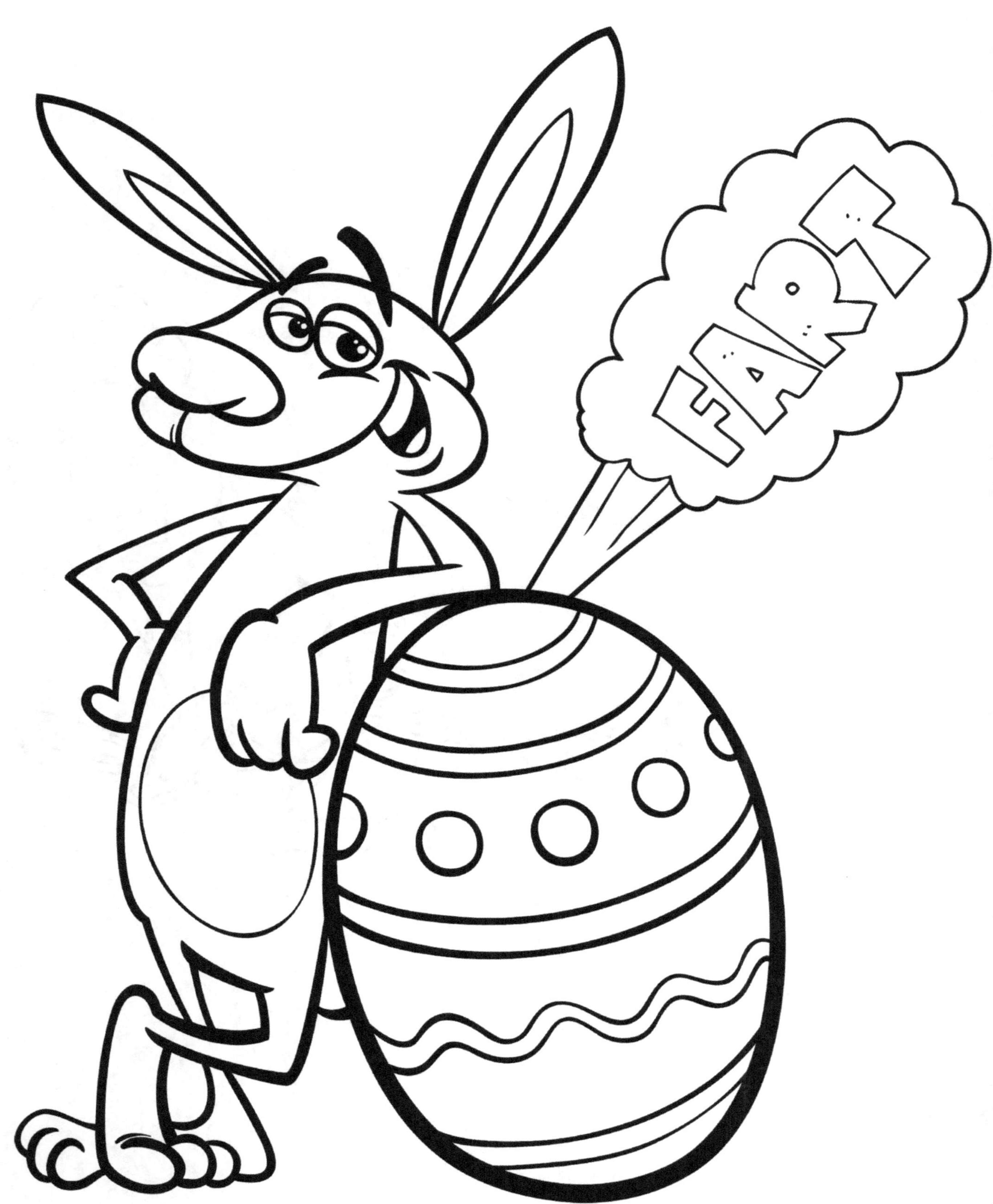
FART

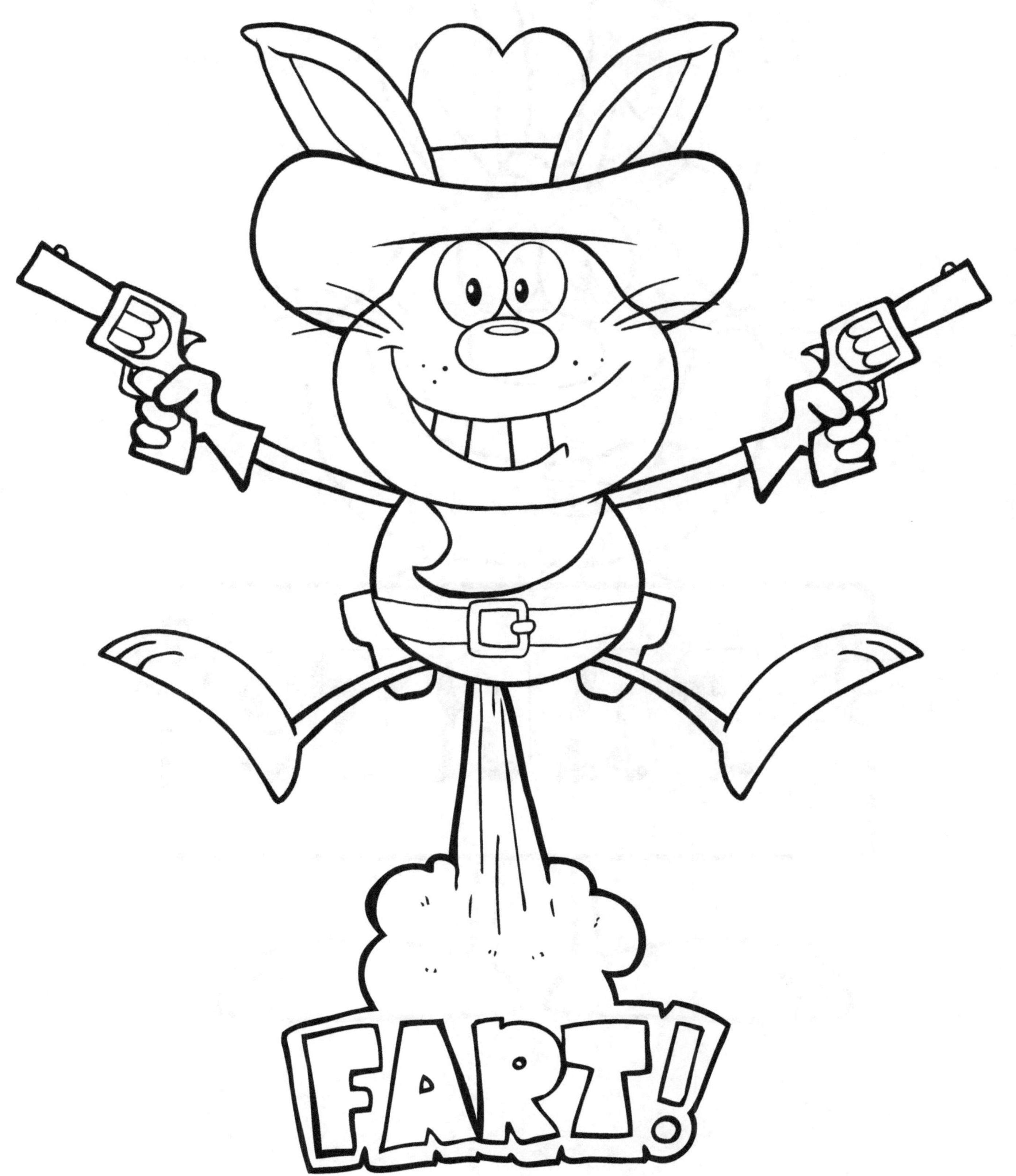
FART!

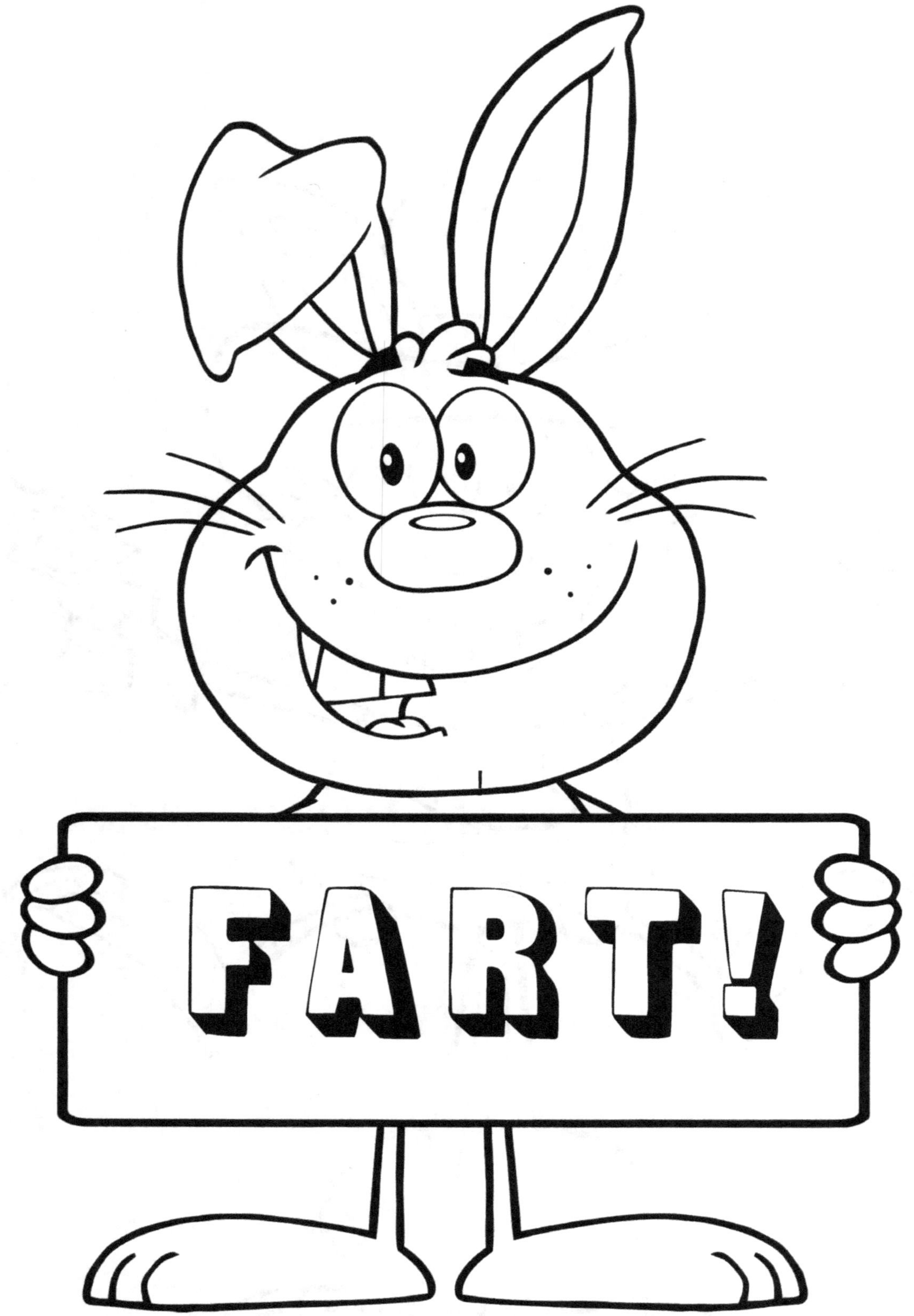
FART!

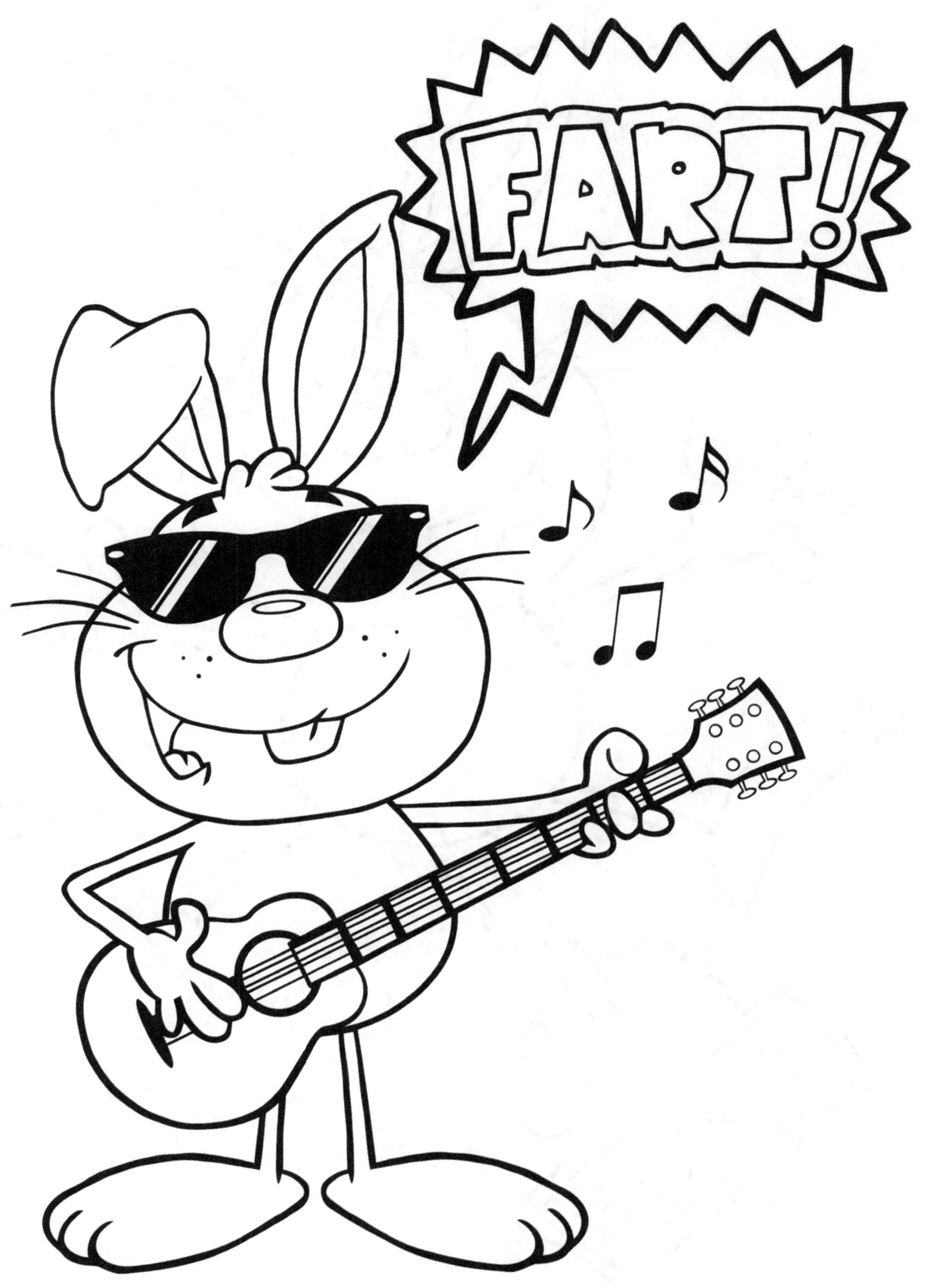
FART!

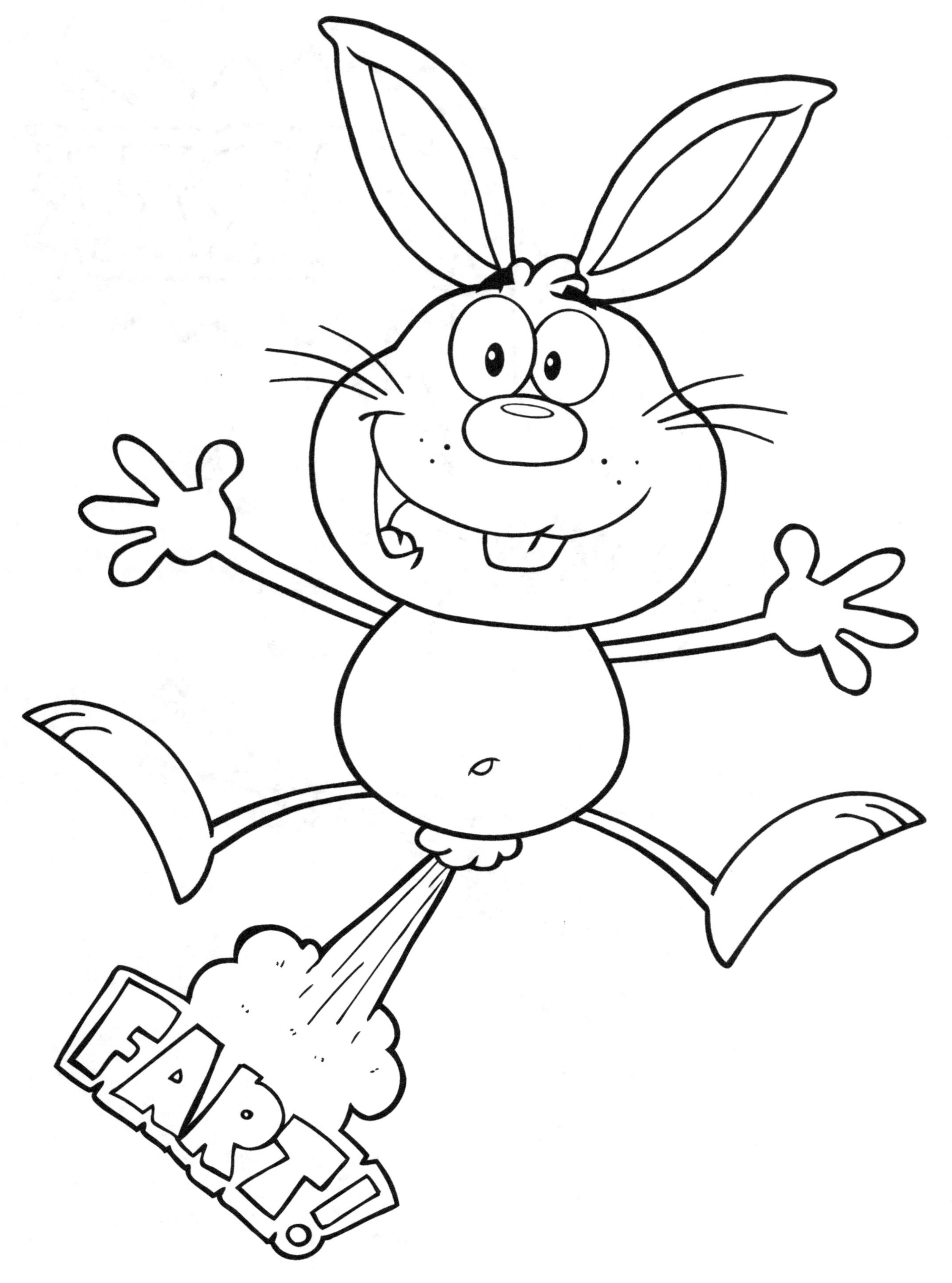
FART!

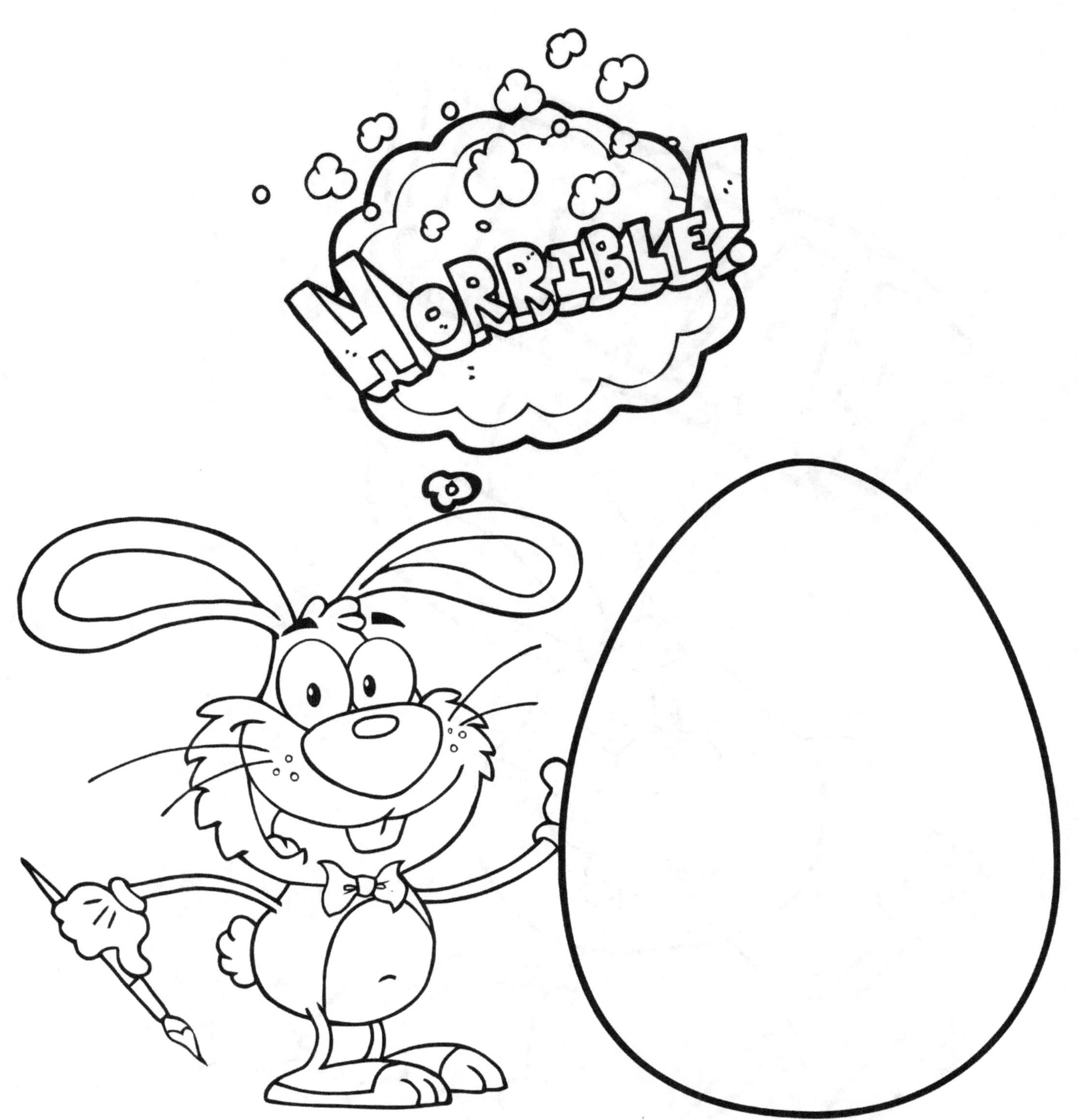

HORRIBLE!

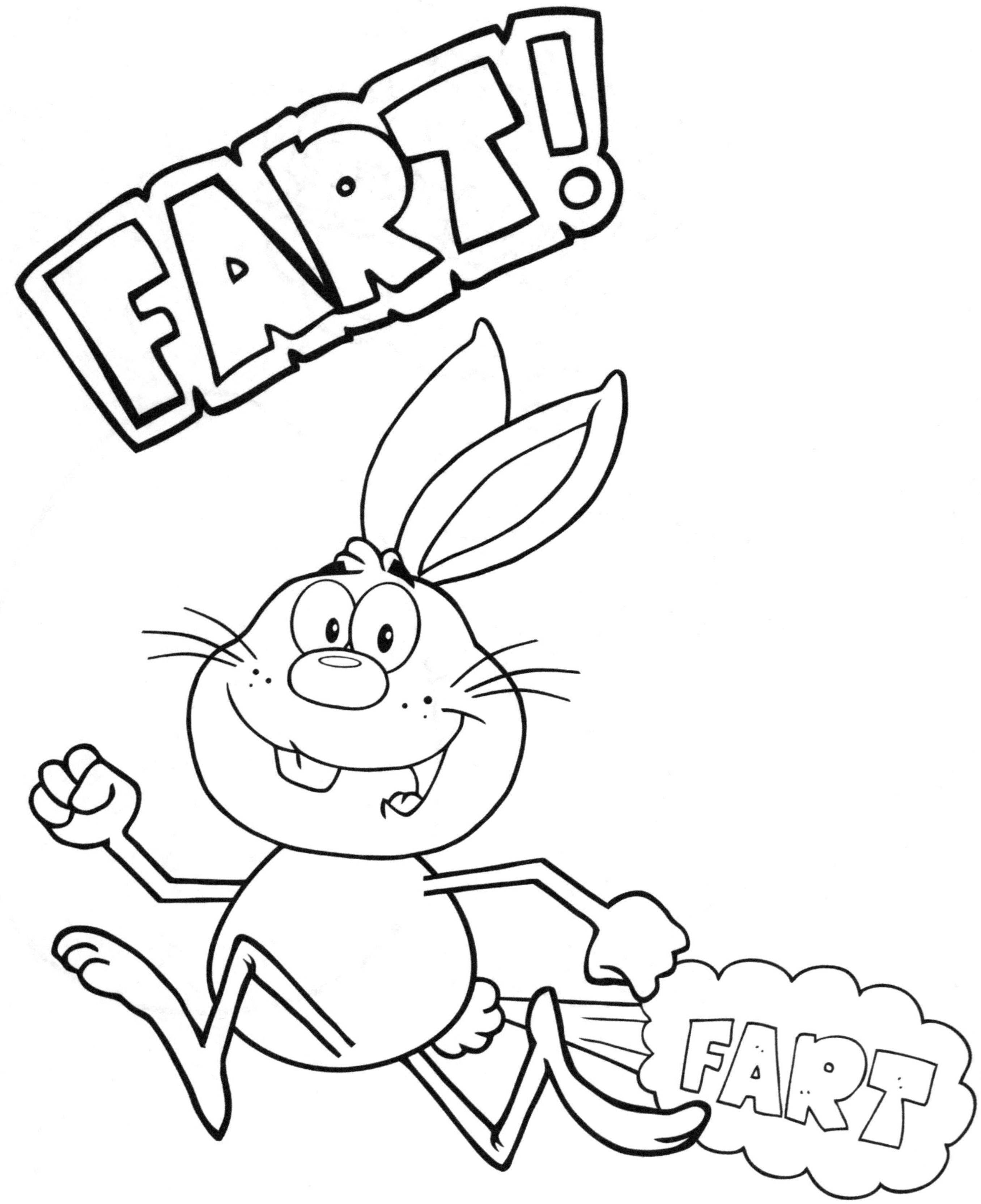

FART!
FART

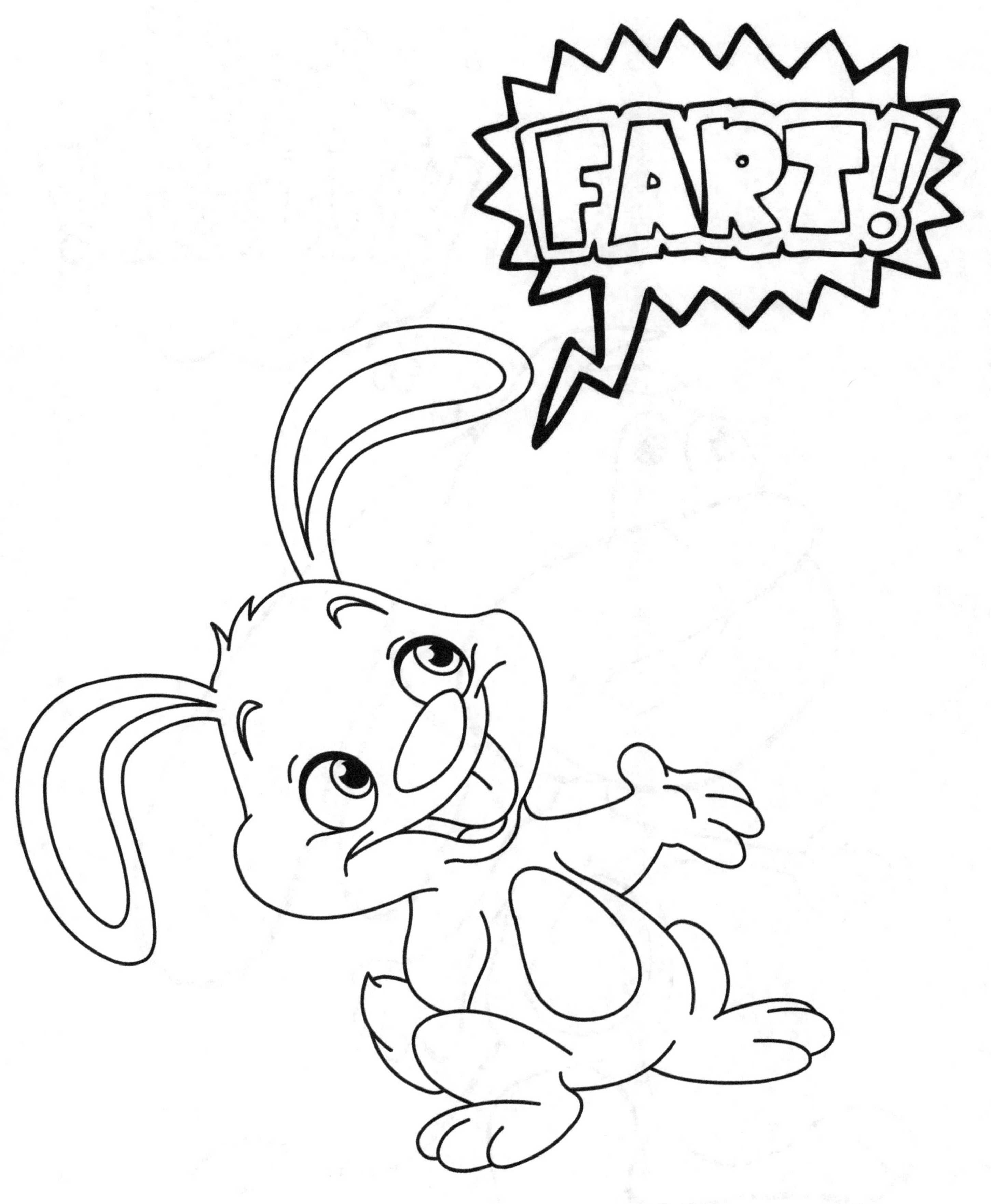
FART!

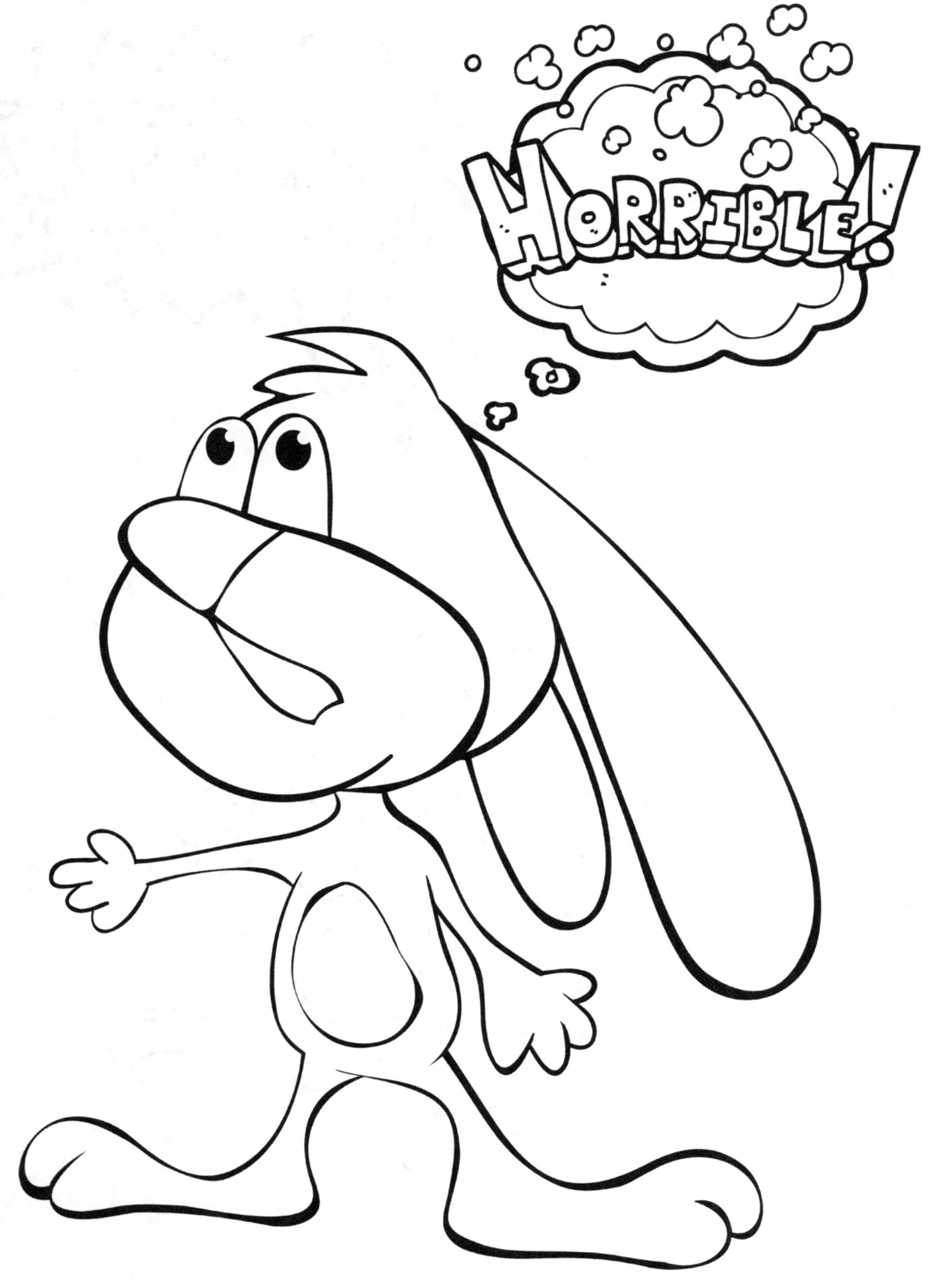

HORRIBLE!

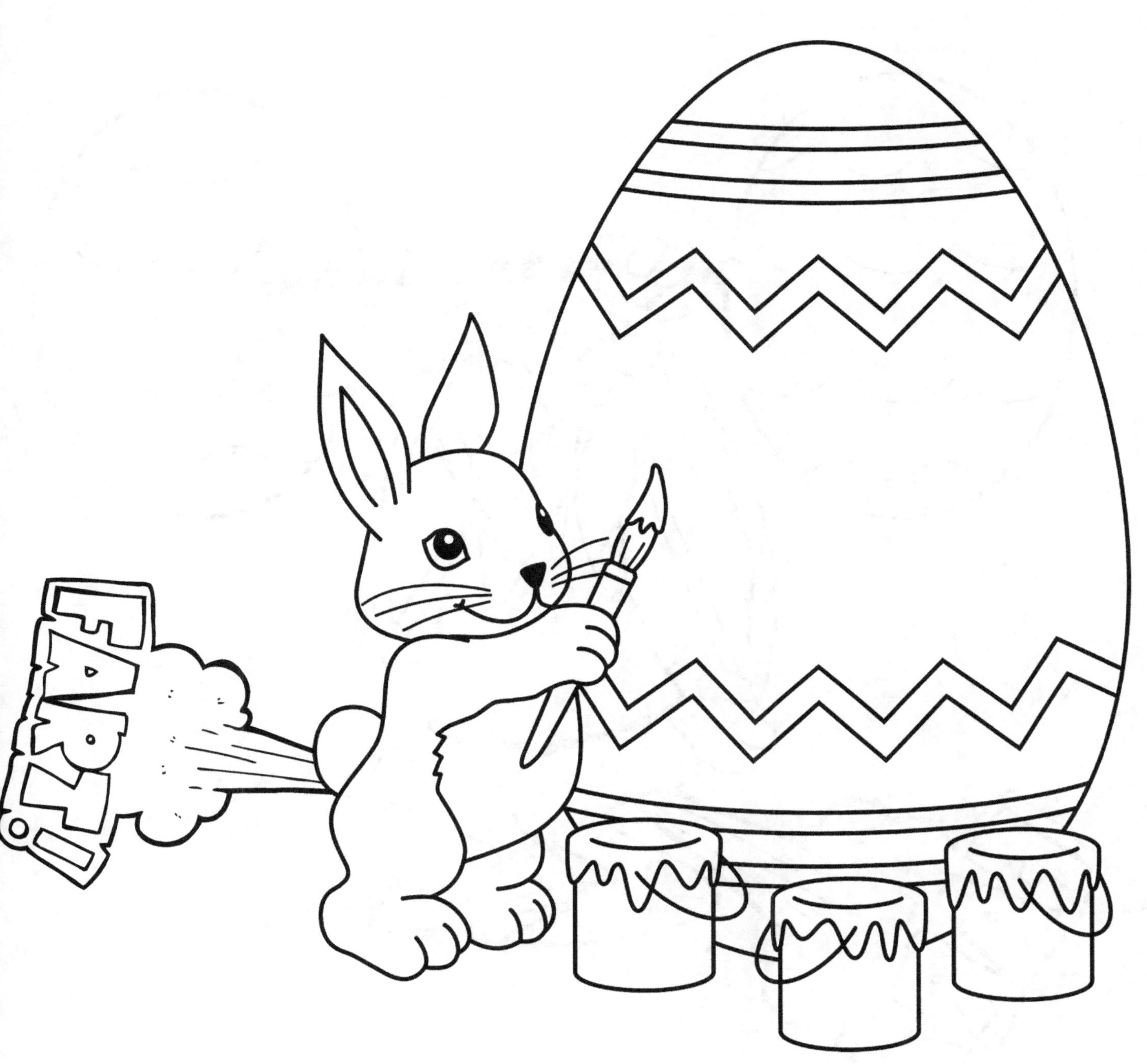
FART!

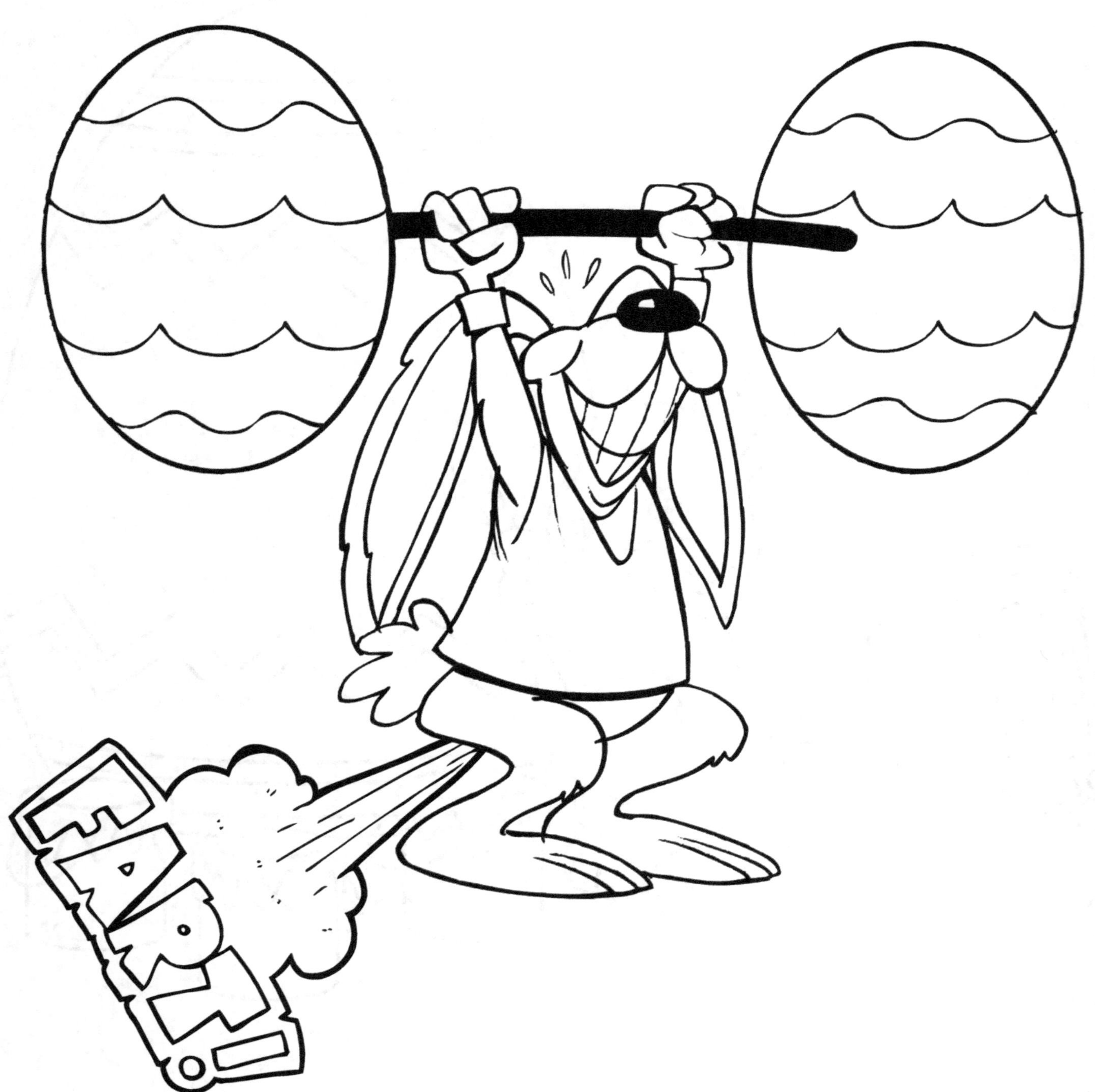
FART!

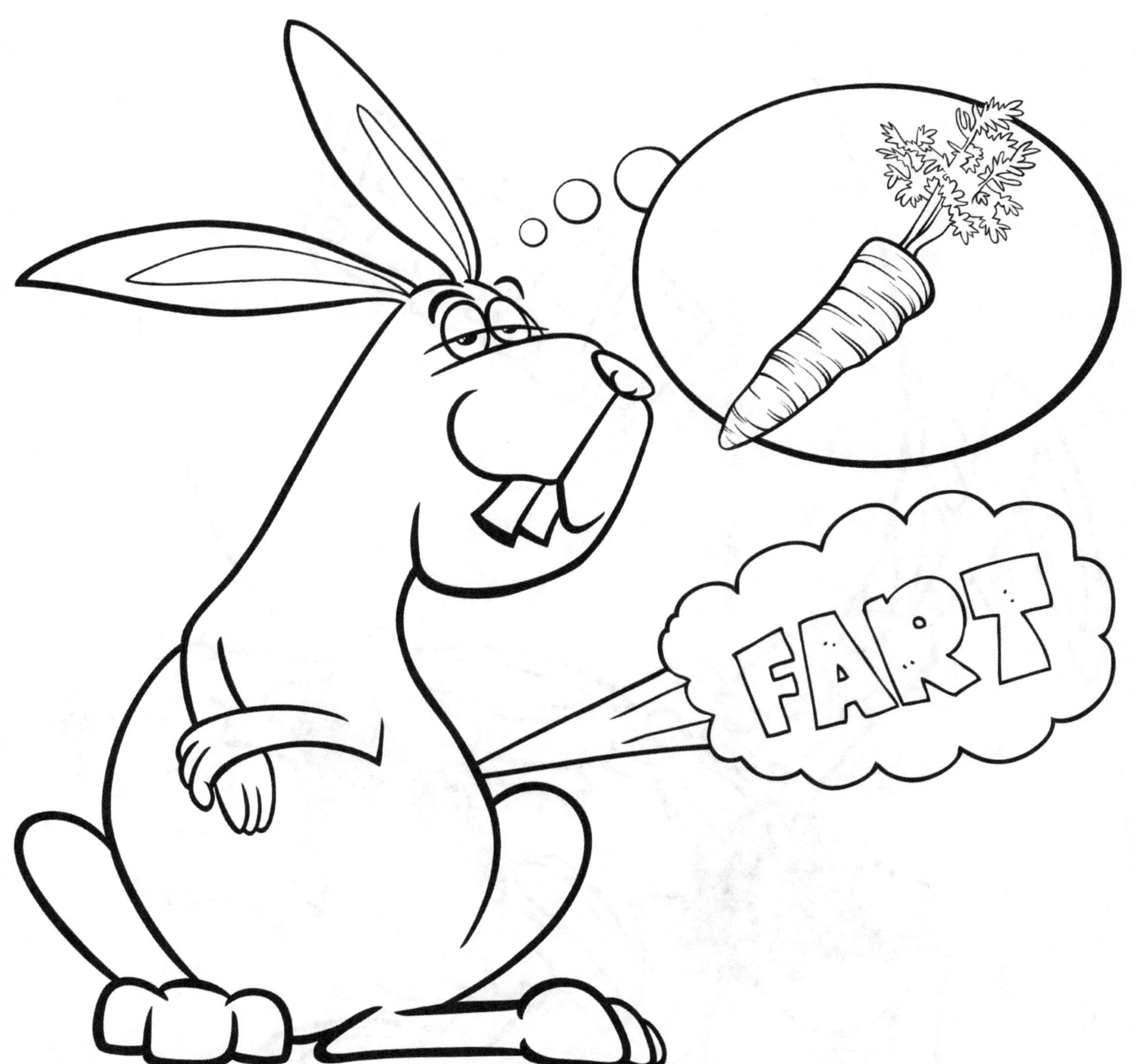
FART

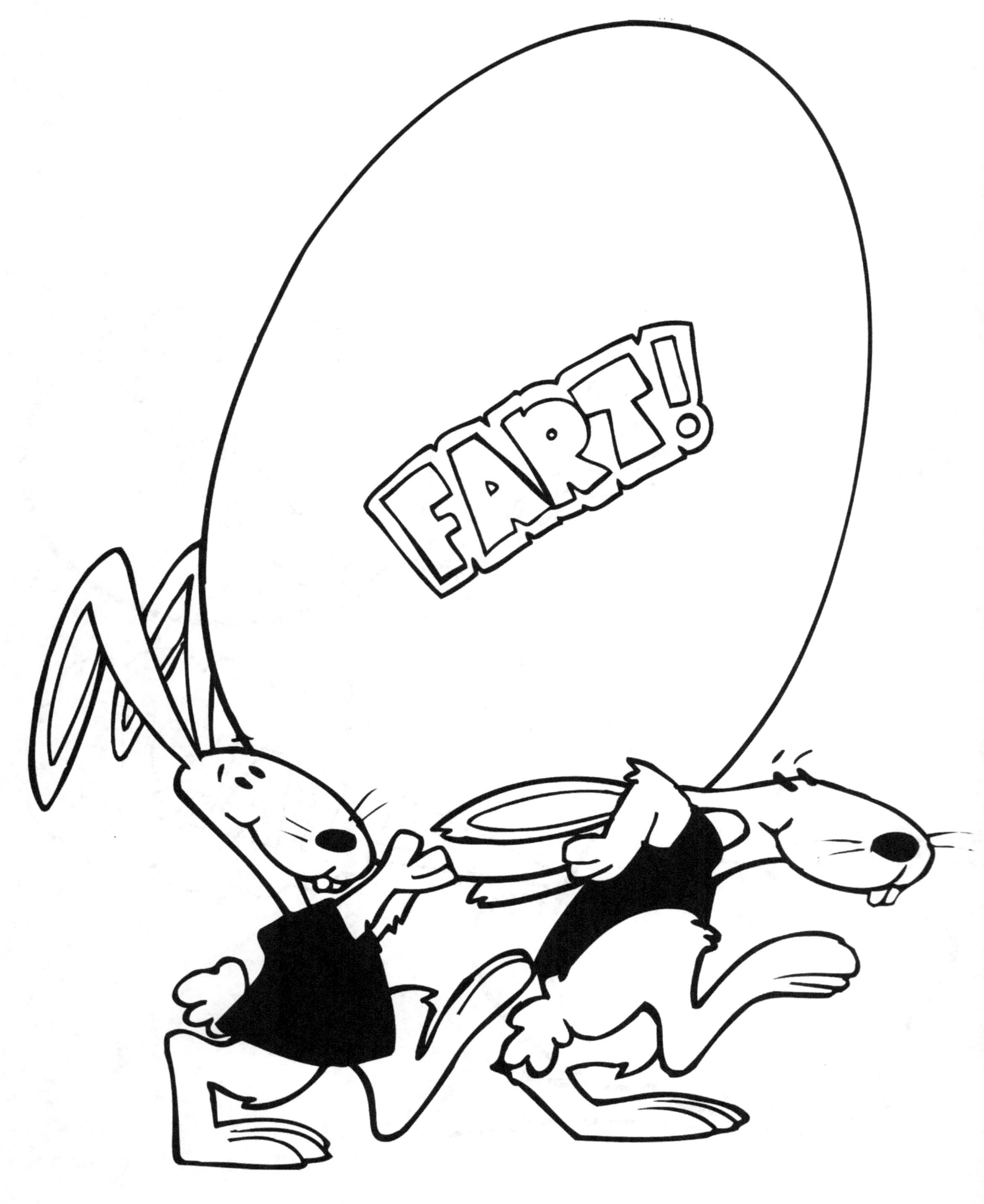
FART!

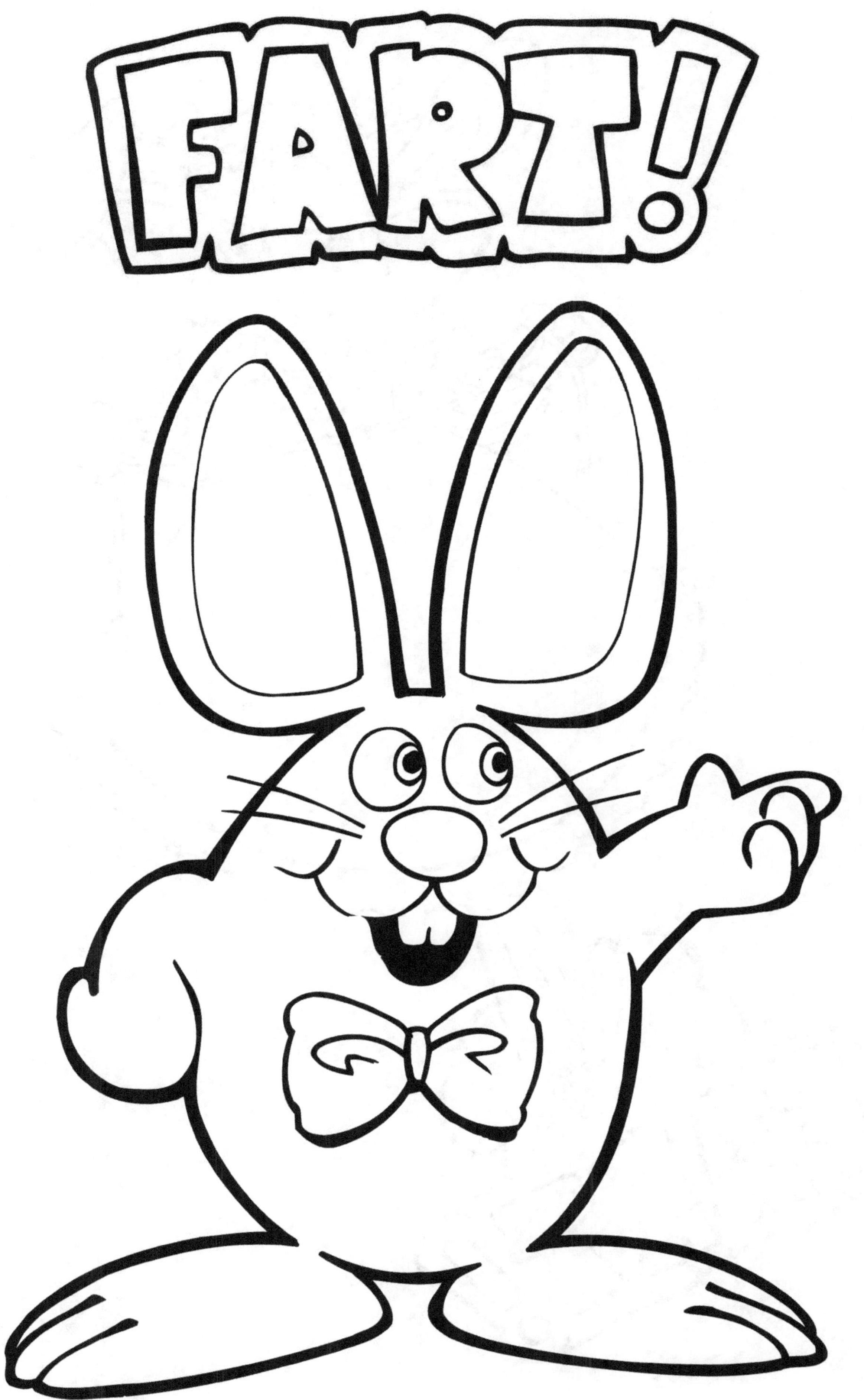

FART!

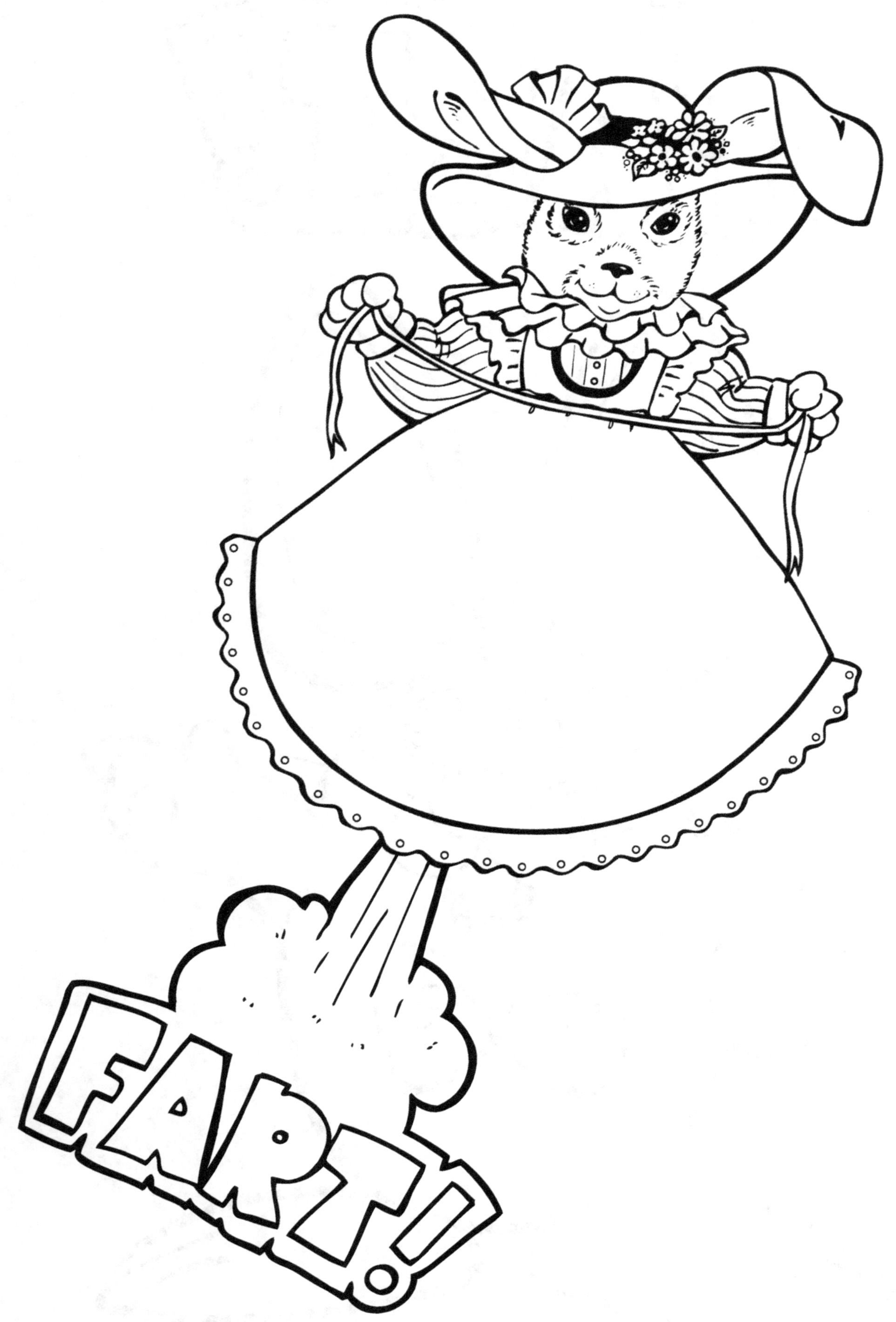
FART!

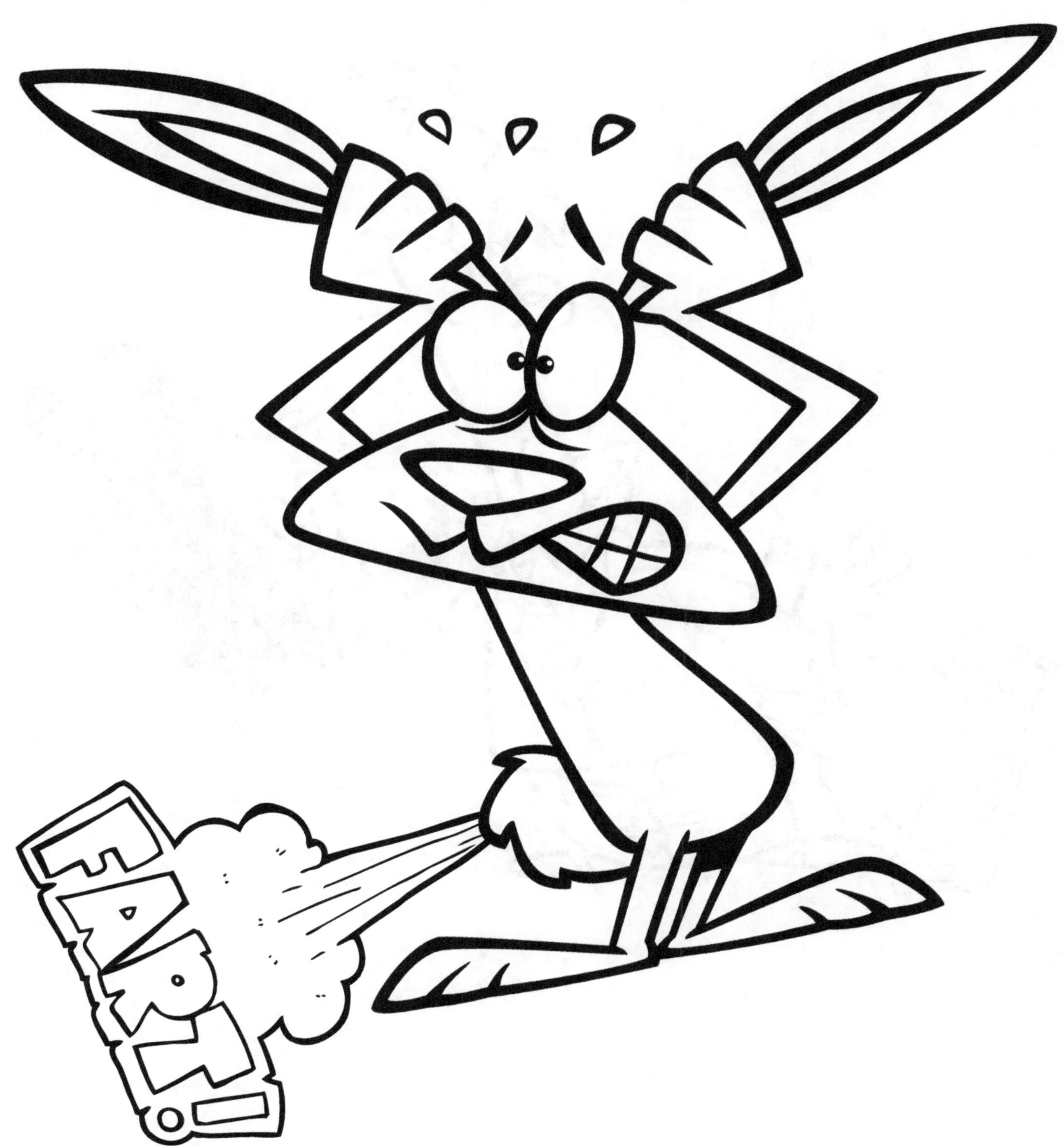

FART!

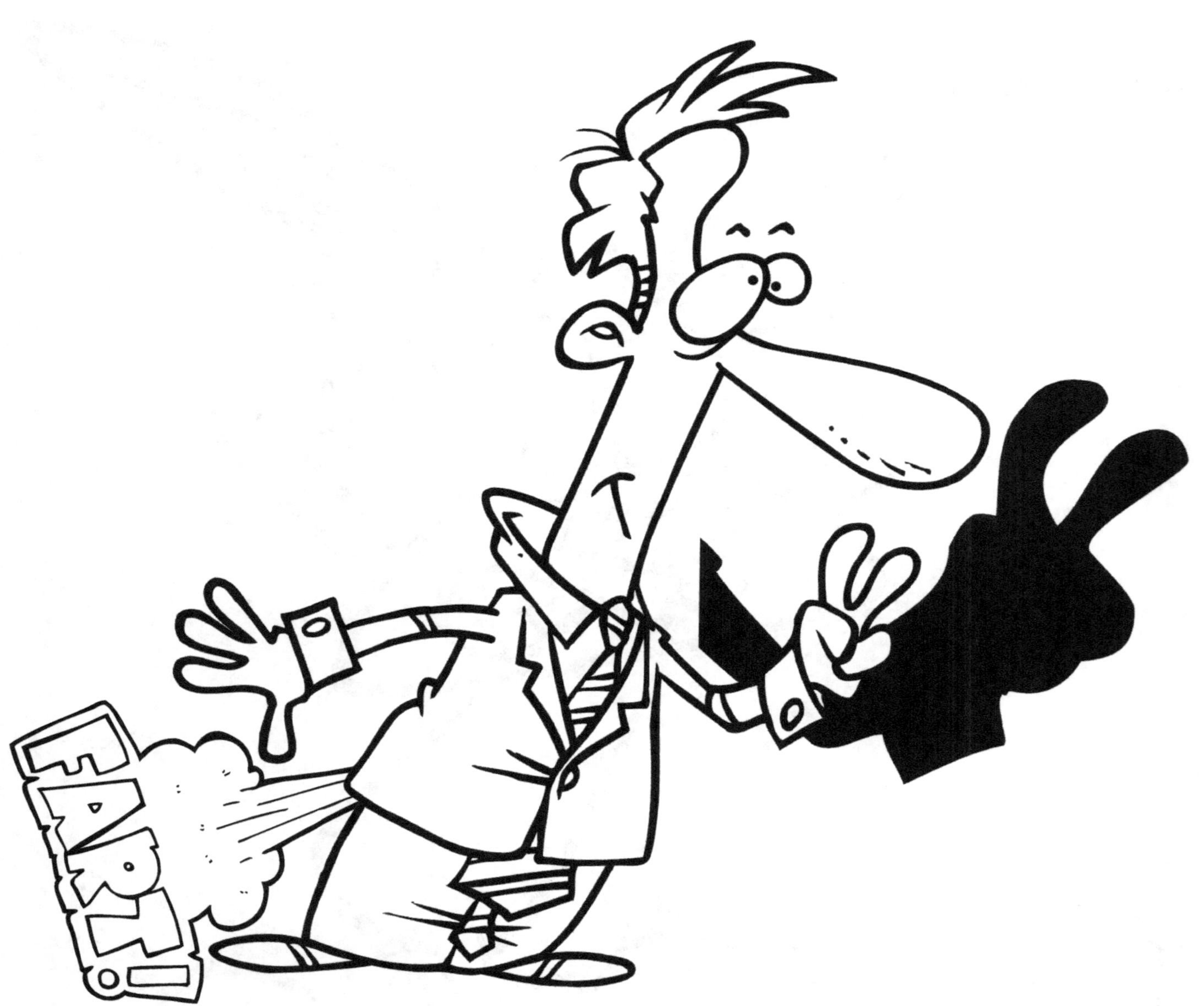
FART!

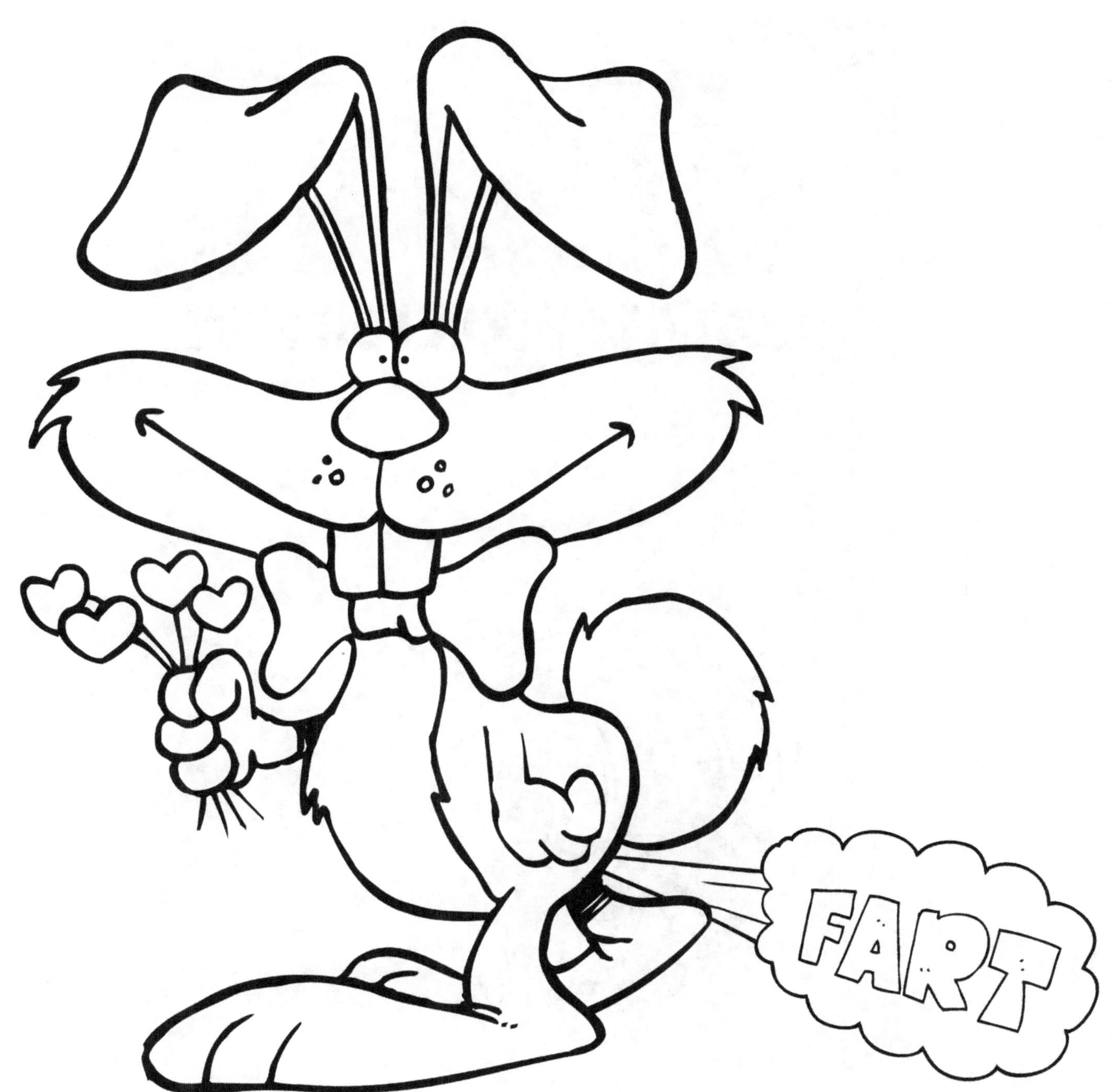
FART

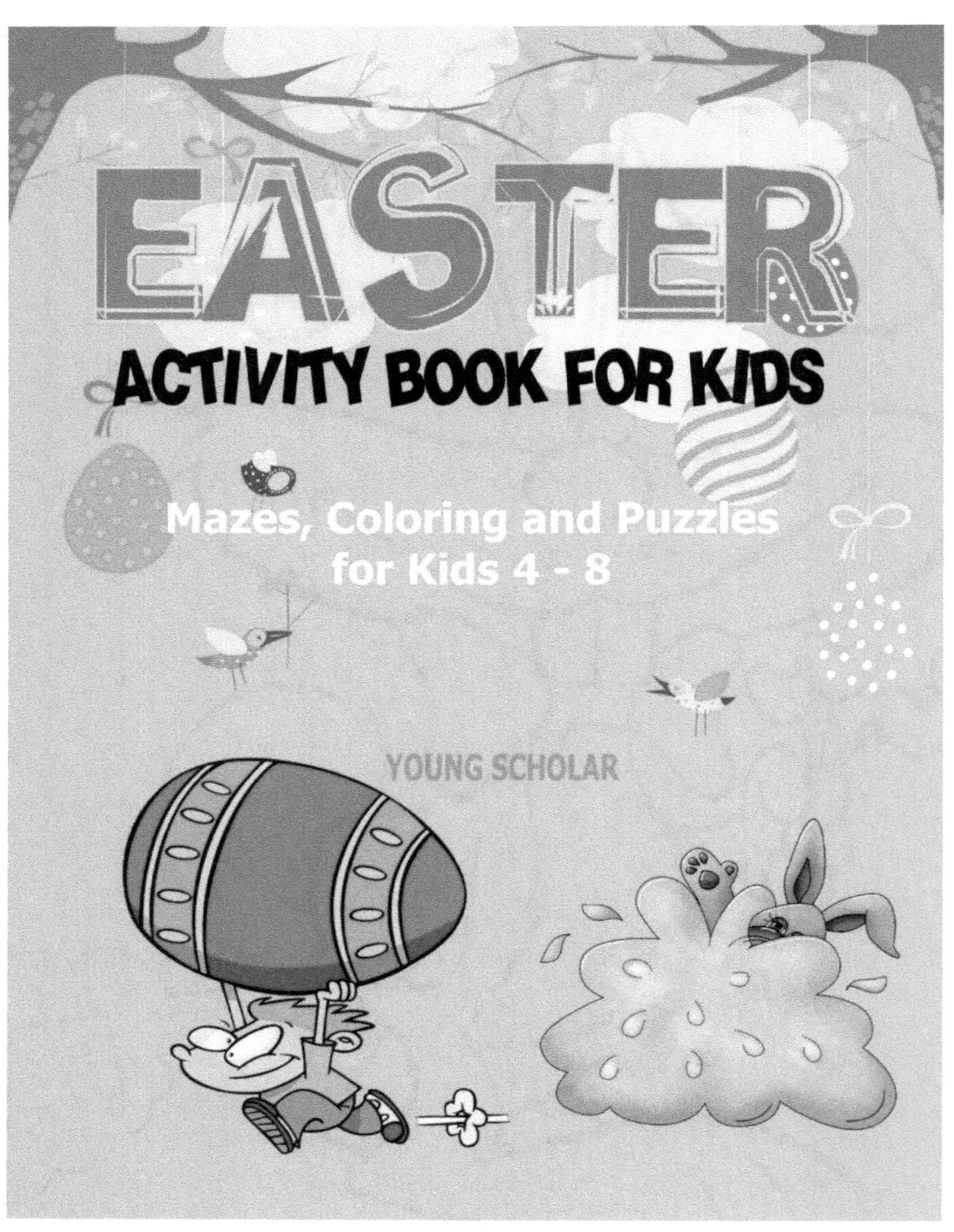

Easter Activity Book for Kids

Available at amazon.com

www.ingramcontent.com/pod-product-compliance
Lightning Source LLC
Chambersburg PA
CBHW080318030726
47593CB00009B/2792